明
室
Lucida

照亮阅读的人

How to Read Kierkegaard

如何阅读克尔凯郭尔

[美] 约翰 ·D. 卡普托 著　　周荣胜 译

北京联合出版公司
Beijing United Publishing Co.,Ltd.

致埃德和马西娅

我的同行者

丛书主编寄语

该如何阅读“如何阅读”？

本系列丛书的策划基于一个非常简单但新颖的想 viii
法。大多数为入门者提供的关于伟大思想家和作家的导读性作品，要么只是讲述这些人从出生到死亡的生平传记，要么就是关于其主要著作的简介合集，或者二者兼而有之。“如何阅读”系列丛书的做法则恰恰相反；这套丛书会以专家指导的方式，带着读者去直面作品本身。这套丛书的出发点在于，为了接近一位作家的思想，读者必须接近他们使用的文字，并且被告知将如何读懂这些文字。

在某种程度上，该丛书中的每一本都是阅读上的一堂专家评讲课。每位作者都从作家的作品中精心挑选了十段左右的摘录，并以详尽的方式进行研习。丛书作者以这种方式来展现作家们的中心思想，也以此打开了进入其思想世界的大门。这些摘录有时会以时间顺序编排，让读者依照时间脉络去了解思想家的思想发展历程；而作者有时也会打破这种编排方式。这套丛书不是对某位作家最为著名的段落、“最为成功的观点”进行简单的合编，而是提供了一系列线索或钥匙，使读者凭借它们便可以自己继续阅读和钻研，并拥有自己的发现。除去文本和阅读材料，每本书还会提供一张简短的年表，并
ix 推荐一些进阶阅读的书目和网络资源等。“如何阅读”系列丛书无意告诉读者有关弗洛伊德、尼采、达尔文，或是莎士比亚或萨德侯爵的一切，但一定会为读者的进一步探索提供最好的起点。

对于那些伟大的思想，它们早已为我们勾勒出了一大片智识、文化、宗教、政治和科学方面的图景，现在市面上已经有很多对它们进行研究的二手材料了。但“如何阅读”系列丛书却有着与它们不同的做法，该系列丛书提供一系列与这些伟大思想发生碰撞的新机遇。因此，我们希望这套书可以在指引读者的同时

不失趣味，让大家在阅读时充满信心、欢欣鼓舞，同时还要享受阅读。

西蒙·克里奇利
纽约社会研究新学院

夏开伟　译

致 谢

x 感谢西蒙·克里奇利邀请我开展一项我喜欢的工作，书写克尔凯郭尔，他有时离我太近以至于让我怯于表达出来。

感谢我在雪城大学的同事爱德华·穆尼和马西娅·鲁宾逊，这本书就是献给你们的。特别感谢你们阅读了我的手稿，感谢我们关于克尔凯郭尔和许多其他事情富有成果的对话。

贝拉·尚德是一位细心的读者和有探究精神的编辑，她的建议让我受益匪浅。

感谢雪城大学给我的一次研究休假，在此期间我完成了本书的大部分内容。

目 录

导 言

索伦·奥比·克尔凯郭尔第一次成名是在哥本哈根 1
这个相对默默无闻的城市。19 世纪中叶，这个城市约有 12.5 万人。20 世纪初，他的著作被翻译为德文，影响了卡尔·巴特和马丁·海德格尔，这使他的声誉远远地越出了小小的丹麦。他们又转而把他引介给“法国生存主义*者”让—保罗·萨特、阿尔贝·加缪和西蒙娜·德·波

* Existentialism 通常译为“存在主义”，但这其实是一个大而不当的译名。“存在”对应的是 Being，最普遍意义上的存在，而 Existence 意指更具体的实际存在，尤其是具有超越性的人的存在，由克尔凯郭尔开启，之后由萨特发扬光大的 Existentialism 正是对人的具体存在的探讨，可译为“实存主义”，译为“生存主义”则更为周全。——本书脚注皆为译者注

伏瓦。通过这些思想家，他的激进基督教思想在20世纪40年代被赋予了无神论的色彩。早在十年前，牛津大学出版社的编辑查尔斯·威廉斯［与C. S. 刘易斯和J. R. R. 托尔金一起都是牛津文学名人圈“跡象文学社”（The Inklings）的成员］就开始对其著作进行英文翻译，后来他又与普林斯顿大学出版社合作完成了引人注目的翻译工作。到了20世纪50年代，对“生存主义之父克尔凯郭尔”的流行阐释比比皆是。克尔凯郭尔已经把生存主义变成了高雅文化，它是伍迪·艾伦嘲笑“焦虑”（克尔凯郭尔最著名的思想之一）的合适主题，也是正典中的传世部分。

克尔凯郭尔本人已被证明是一个无穷尽的迷人主题，尤金姆·加尔夫卷帙浩繁的《克尔凯郭尔传》（2000）充分证明了这一点。他在哥本哈根最高雅的街区长大，家庭富裕，由严厉的父亲迈克尔·佩德森·克尔凯郭尔
2 掌管。这位父亲的聪明才智和商业头脑，只有他深重的信仰折磨才能与之相匹配，他是儿子索伦童年的常伴。一部分因为他父亲的强烈专横，一部分因为过度的自省能力，克尔凯郭尔将永远无法融入这个世界。成为“普

遍性的例外”（exception to the universal）的权利将是他作品的中心议题。

除了偶尔去北部海岸或柏林，克尔凯郭尔的一生都在哥本哈根度过。他会中断漫长的工作，乘着昂贵的马车在乡村游逛，或在城里散步，记录下对繁华都市的时尚和弊端的敏锐观察。他生活的时代被称为“丹麦的黄金年代”：他是汉斯·克里斯蒂安·安徒生的同时代人（既是批评者也是竞争对手），生活在一个既是皇族家园也是活跃的贵族知识精英家园的城市。克尔凯郭尔的内心折磨吞噬了他，但这也是他深入研究人类精神的原料。父亲留给他的一笔丰厚遗产（20 万英镑），让他得以做个一辈子生活安逸无忧的独立作家。在 42 岁英年早逝之前，他就写出了数量惊人的作品。

克尔凯郭尔的生活和创作经历了三次危机性的转折。第一次转折发生在 1841 年，他与一个比他小十岁的女人雷吉娜·奥尔森解除了婚约，因为他说，“上帝提出了否决”。[1] 让他的忧郁和阴郁的精神侵蚀她绚丽的青春和美丽一定是一种错误。他同时也在保护他作为一个作家所需的隐私。在接下来的四年里，他的著作如洪水般涌现，其中一些是欧洲最伟大的哲学著作。这些作品都是借十几个不同的假名写成的。在这些作品中，他提出了“主观的”或“生存的真理”概念，这意味着真
3 理是个人生存的一种激情模式，是一个人为之而生、为之而死的那种真理。他也提出了“单一个体”（single individual）的概念，即自我是一个独特的、不可替代的人，而非相互之间可以替换的物种。对这两个思想的阐述是克尔凯郭尔对哲学最重要的贡献。

在这方面，他的前辈是奥古斯丁、帕斯卡尔和路德，他们首先描述了克尔凯郭尔总会提及的那个场景——个人自我（personal self）独自站在上帝面前，其永恒的命运悬而未决的场景。克尔凯郭尔将这一传统发挥到了极致，他定义了宗教的“主体性”（subjectivity）的概念，并给予其最尖锐、最持久的表述。对克尔凯郭尔来说，成为自我意味着生活在永恒的白光（the white light of eternity）中，在那里不能欺骗上帝。这与柏拉图和亚里士多德形成了鲜明的对比。在柏拉图和亚里士多德那里，个体是一个类别的实例、一个物种的样本，是“属于”（falls under）普遍或物种的“案例”［从希腊思想的“属

于”（cadere）到基督教的“堕落”（fall）]。对克尔凯郭尔来说，个体不是一种堕落而是一种顶峰，不是外围的东西而是秘密的中心，是一种自由和个人责任的原则。克尔凯郭尔描画了一幅个体的肖像，深深地意识到它的孤独、有限和不可靠性，对其永恒的命运充满了“恐惧与战栗”。正是在这种宗教的土壤中，被称为“生存主义”的世俗哲学运动及其著名的“生存主义自我”（existential self）有了根基，也从中产生了后现代特有的“特异性”（singularity）思想，从个人到艺术作品，每一事物都具有不可重复的特殊性质。虽然克尔凯郭尔本人强调的是承担个人责任的需要以及将个人信仰付诸实践的需要，但生存主义的批评者则担心相对主义，担心真理成为一种个人偏好，会削弱客观真理的秩序。对相对主义的担忧同样也困扰着当代后现代主义批评家。后现代主义是 4
一种激进的多元主义理论，崇尚观点的多元性，而克尔凯郭尔显然在许多方面都预见到了这一思路。

他作品的第二个转折点发生在1846年。他宣称自己的文学使命已经“结束”，决心去当牧师（他拥有神学硕士学位，并接受过神学院的一些培训）。但他接着挑起了与丹麦一家流行周刊《海盗船》(*The Corsair*)的争斗，该周刊也无情地回敬了他，刊登了关于克尔凯郭尔的漫画，把他描绘成一个长相古怪、裤腿不平的驼背怪人。这些漫画即使在今天也还有翻印的。克尔凯郭尔很自然地得出结论：如果他放弃作为作家的生活，哥本哈根的上流社会会认为他是被一篇散布流言的文章打败而不得不去当牧师。上帝现在否决了他当牧师的规划。在接下来的七年里，他又创作了第二个系列的作品，几乎都以他自己的名字署名，而且具有明显的宗教特征。这一系列作品是他对第一种现代大众传播手段——报刊“平均化”(levelling)效应的预见性分析。他的文化批判也与40年后尼采关于“上帝之死”的言论相一致。这两位19世纪的天才，一位是基督徒，另一位是《反基督》一书的作者，他们是生活在同一时代的“孪生”先知，也是新兴资产阶级文化的批判者。他们两人成为后人不断比较的对象。

第三个转折点发生在1854年，丹麦教会的主教兼首席主教、他们家的世交雅各布·明斯特(Jacob Mynster)去世。一直以来，克尔凯郭尔都在培养一种

激进的基督教观念，将真正的“基督教”（Christianity）
与世俗的“基督教世界”（Christendom，即现代欧洲舒
适的信仰基督教的资产阶级）对立起来。当时的教会领 5
袖们理所当然地怀疑这种区别的最终目标就是他们自己，他们对克尔凯郭尔将“基督教”引入丹麦的呼吁感到不满。明斯特主教去世后，克尔凯郭尔发起了对神职人员和整个“基督教世界”的个人攻击。虽然克尔凯郭尔对神职人员的嘲讽在很大程度上切中要害，但这些作品也揭示了他本性中更加阴郁的一面，并导致了他最终宣布婚姻和性欲是一种“犯罪”的观点。他把自己的独身和孤独作为准则，但宣布婚姻是例外，也就是说，正如圣保罗的那句名言所说，为了不被欲火烧死，堕落的肉体接受了婚姻的妥协。1855 年，他短暂而富有争议的一生就在这一论战中结束了。

克尔凯郭尔留下的著作是一份令人眼花缭乱的遗产，但关于如何阅读这些著作的问题很复杂。他是一位深刻却又令人困惑的宗教作家。一方面，我们发现他不停地公开发表宗教论述，推荐“模仿基督”（他自己所谓的“右手的”作品）[2]。但另一方面，如果不是因

为他所谓的“左手的”作品，“右手”这些具有“启发性”的沉思、这些远离加缪和萨特的作品，仍然是一个地方宗教天才的作品。这些“左手的”作品的署名是形形色色的假名，如约翰内斯·克利马库斯（Johannes Climacus）和沉默者约翰内斯（Johannes de Silentio），其中有些作品是欧洲哲学的杰作，克尔凯郭尔的声誉便是建立在这些作品之上。如果他本人的名字在作品中出现，那就是作为“编辑”或“出版责任人”。他最激进的后现代读者（在了解德里达和解构理论后开始读他的作品）告诉我们，左手的作品是一个高级的玩笑，如果我们把这些假名当真，那我们自己就成了笑话。

6 但是，如果说克尔凯郭尔是一个诗人、反讽家和幽默家的话，那么这些角色都是他用来作为交流的策略和方式。他对高扬的形而上学思辨的徒劳无益进行了毫不含糊的哲学批判，取而代之的是对具体的人类经验的敏锐而微妙的描述，他喜欢称之为“可怜的生存个体”的生活。伴随着这种争论的是一种越来越严峻的宗教观点，这种观点可以从他的假名中察觉出，在以本名署名的书中也越来越突出。他使用假名并不是因为他是一个怀疑论者，而是因为他认为作者“无关紧要”，因为这些书中所说的内容与作者是否戴帽子（或裤腿长短不齐）无关。他认为，作为作者，自己什么也不是，如同已死一般，相对于读者的生存命运的重力来说，作者无限之轻。重要的是舞蹈，是各种理想的可能性的辩证游戏，读者要亲自参与其中。这些作品只是用来劝导甚至诱导读者为自己做决定的契机。

这不是一个恶作剧者的“无限反讽”（infinite irony）[3]，而是生存反讽（existential irony），事实上，那最终是基督教的反讽（Christian irony）。他想方设法激发读者的基督教激情，却不将自己置于个体与上帝之间，个人也不充当与基督教生活相称的权威或代表。假名所产生的不确定效果对读者而言引出了一种决定性的生存运动。约翰内斯·克利马库斯，《最后的、非科学性的附言》的假名作者，他本人并不自称是基督徒，但他说，至少这就是成为基督徒的意思。如果他不确定自己或其他任何人是否符合标准，那么，在“模仿基督”这里，他对标准毫不怀疑；“模仿基督”也是托马 7
斯·阿·肯皮斯一部著名作品的标题，是克尔凯郭尔最喜欢的一部关于虔诚的作品。

克尔凯郭尔的反讽和幽默代表了哲学史上一个引人注目的创新风格，它们明确无误地标志着一个作者提供了一些与众不同的东西。但更重要的是，它们被征召来为一个极为严肃的、古老的宗教规划服务，使他之后的西方哲学和神学的方向因此而改变。

第一章　对我而言是真的真理

除了知识必须先于一切行动的情况，我真正 9
需要的是明确自己要做什么，而不是我必须知道什么。这是一个理解我的命运的问题，一个看看神真正想让我做什么的问题；我要找到一个对我而言是真的真理，找到我愿意为之生、为之死的观念。如果我发现了一个所谓的客观真理，或者如果我掌握了哲学家的体系，能够根据要求将其一一描述，指出每个循环中的不一致之处，那又有什么用呢？或者，提出一种关于国家的理论。把各个地方的所有碎片合成一个整体，构建一个我自己也不居住、只是提供给别人的世界，这又有什么用呢？如果能够指出基督教的意义并阐释许多不同的事实，对我和我的人生却又缺乏更深的意义，那又有什么用呢？当然，我不会否认我仍然接受知识的律令，而人也可以受到知识的影响，但知识必须活跃在我的生命中，这是我现在的主要观点……但是，要找到这个
10 观念，或者更恰当地说，找到我自己，投入更多的精力到这个世界上也是无用的……我所缺乏的是我要过一种完整的人的生活，而不仅仅是一种知识生活，避免将我的精神发展建立在——是的，一些人们称之为客观的——一些无论如何不是我自己的东西的基础上，而是建立在一些与我的生存最深根基密切相连的东西上，通过它，我仿佛成长为神圣者，即使整个世界分崩离析，我也紧紧拽住它。你看，这就是我所需要的，这就是我所追求的……正是人的这种内在行为，人的这种神性方面，而不是大量信息……重要的是，我徒劳地寻找到了一个锚地，不只在知识的深处，也在无底的快乐海洋中……我发现了什么？不是我的“我”，因为那是我试图通过这种方式去寻找的东西……在了解任何其他事物

> 之前，一个人必须首先学会了解自己……在与普通人的交往中，我赢得少，输得也少…… 除了少数例外，我的朋友没有予我显著影响……所以我又一次站在了我必须以另一种方式开始的地方。现在，我要试着冷静地审视我自己，并且开始向内行动；因为只有这样，我才能……在更深刻的意义上称自己为“我”……所以，让死神降临吧——我正在穿越卢比孔河。这条路无疑会引导我开始战斗，但我不会放弃。
>
> ——《论文与日记》，吉勒莱厄，
> 1835 年 8 月 1 日[4]

克尔凯郭尔在写这篇日记的时候刚刚 22 岁，距离他开始写日记已经过去了一年。在北部海岸度假的时候，这篇记录特别突出，因为它醒目地表达了他的生命旅程，描述了他的“生存探索”（existential search）——一个激情的、内在的个体在寻找“对我而言是真的真理”。他暗指的放荡生活（“无底的快乐海洋”），其实只是相 11
对于他父亲和兄长彼得的严苛标准而言，他当时正试图摆脱他们的影响。他对自己的学术职责一直很不上心，根据日记里一处比较模棱两可的记载判断，他可能还与妓女发生过性关系（如果这是真的，那么这可能是他唯一一次性经历）。这段摘录比同时期的其他记载写得更用心、更富戏剧性，也因此被收入他所有的选集中。

这篇日记引入了他后来通过假名加以阐述的“主观”真理或“生存”真理的核心思想。在这篇日记的一个页边注释中，他补充道，“真正的哲学家在最高程度上”不是“客观的”，而是“代替客观的”（sub-object-ive）（第 38 页[*]）。他在自己与“客观”真理或哲学家的“体系”（systems）之间拉开了距离。这不是一个相对主义的观点。他并不是说，只要一个人喜欢，他头脑中出现的任何东西都能成为真理，或者一个真正的哲学家被免除了无偏见的探究的要求。他的目标反而是一种过度的理智主义，这种主义以当时占主导地位的黑格尔哲学为中心，他感到这种哲学在他周围不断成长，榨干了欧洲的文化生活，也吞噬了它的活力。半个世纪后，尼采基

* 除非另有说明，否则括号内的页码皆指每章开篇摘录著作的原书页码。

于明确的反宗教立场，提出了同样的观点。年轻的尼采抱怨说，对历史研究的过度关注正在把欧洲人变成生活的旁观者，而不是这场高风险游戏的参与者。克尔凯郭尔从他的父亲那里也得到了同样的观点，对他的父亲来说，基督教是一个心灵问题，而不是一种学问或学术辩论。

儿子从来没有动摇过他父亲关于真诚信仰的想法。 12
“基督教的意义”就是“为我自己的意义”和“为我生命的意义”，而不是一堆信条的断言，也不是神学家们提出的教义定义。克尔凯郭尔尤其反对基督教在大学里的处境，在那里，黑格尔哲学占据了主导地位。黑格尔是德国最伟大的形而上学家，也可以说是19世纪最伟大的哲学家。他旨在全面而系统地描述所有实在，也许是最后一个真正从事这方面研究的哲学家了。黑格尔认为，上帝并不是一个超验存在，独立于空间和时间之外的孤立领域中，而更像是一个世界灵魂（world-soul），一种内在于空间和时间中展开生命的精神。黑格尔说，历史是上帝的自传，是神性生命在时间中的发展方式，基督教的道成肉身教义就是其中的一个象征。对黑格尔来说，基督教是这个体系的一部分。黑格尔视基督教教义为哲学家们可以通过概念分析解释得更清楚的一种“想象性的表象”（Vorstellung）或象征，就像一张美妙的图画明信片，上面画着哲学家们所谓的更冷静、更具分析性的真理。对克尔凯郭尔来说，这是一种对上帝的超验和威严的可怕妥协。克尔凯郭尔后来用假名约翰内斯·克利马库斯（该假名来自 7 世纪的一位僧侣，他写过一篇禁欲主义的论文——《通往天堂的阶梯》）来讽刺黑格尔，后者认为上帝来到这个世界是为了在德国的形而上学中寻求对自己的解释。

克尔凯郭尔反对黑格尔，他将基督教当作一种自我转变的信仰，而不是将其缩减为黑格尔体系中的一个环节。他提出了另一种通向上帝的心灵阶梯，从审美经
13 验开始，经历伦理觉醒，最终达到顶峰——他父亲也会将其置于此处——宗教信仰的激情运动，以此取代了黑格尔所说的“思辨哲学”（speculative philosophy）。我们不能把这个著名的“生存三阶段”（three stages of existence）看作是连续性的阶段，而应该在观念上把它们视为在单一人格的张力中的结合体，其中，伦理层调

和下面的审美层，而屈从于上面的宗教层。

“对我而言是真的真理”，并不意味着武断或任性，也不意味着相信自己喜欢的任何事情。它意味着内在的决心，“对我而言”——这个表达，他说，他首先是在路德那里发现的——意味着亲身地改变“我”的生活的真理。“对我而言是真的”的反面是一种没有生命的真理，纯粹的应酬话，用空洞的语言逃避生活的要求。首先要寻求的是上帝的国度：也就是说，第一要务是改造自己的内在生命，而不是积累思辨知识的外部装饰。基督教的真理不是为德国形而上学的反思提供原材料，就像它只是被归为周日早晨的虔诚而忽略一周其余时间一样。如果基督教是“真的”，就像《圣经》里说耶稣是“道路、真理和生命”是真的那样真，那么，它的真理是一种在真理中生活的方式。如果你心中没有《新约》中所说的对邻人的爱，如果你在生活中没有爱和宽恕，如果你没有把这种爱铭刻在你个人的生存中，那么你就没有处于“生存”意义的“真理中”。这篇日记开辟了一种新的真理理论，它超越了古典唯理智论的定义，即心理表象与世界上某个客体的符合关系。我们可以在奥古斯丁和方济各会的传统中，发现真理以个人的术语被重新描述。

14 我们应该看到，与他的批评者相反，克尔凯郭尔并没有轻视“知识的必要性”；他只是警告我们，如果客观思维获得优势将会发生什么。他非但没有诋毁科学（实际上他很早就表现出对科学的兴趣），反而说客观真理必须作为一种个人激情活在我的内心中，这事实上是科学哲学的一个良好开端。克尔凯郭尔在这里预见到了当代对价值中立的科学作为一种“客观神话”（myth of objectivity）的批判，这提醒我们，科学家是拥有个人激情和视域的人。我们有理由担心一种试图把自己伪装成从天而降的“科学”的过于强大的威信。我们可以合理地要求科学家承担个人的和道德的责任，即使我们尊重许多伟大科学家的人道主义激情。不管怎样，个人知识必须先于非个人知识。

在某个层面上，他的说法是无可争议的。知识应该为行动提供基础，并转化为行动；理论必须付诸实践，否则就是无生命力的。但更有趣的说法是他以假名提出的主张，即最重要的主观真理永远无法通过客观手段获得，也不可能被赋予独立的客观地位。它们只能从充满激情的主观性中产生。正如圣奥古斯丁所说，有些东西只有当我们热爱我们所要认识的东西时，我们才能认识。“上帝是爱”的真正含义是在主观生活中锻造和获得的，它的真正含义是它在我生活中的意义。任何关于“基督教”的客观事实都只是触及基督教的表面。基督教不是一个命题体系，而是一个人的“生存”、一个人的个人生活必须被转变的方式。

我们不禁会认为，克尔凯郭尔在这里说的寻找个人真理，虽然非常重要，但还是放在日记里比较好，它并 15
不是一部哲学著作。能不能有一个生存论？能不能有一个对我来说是真的真理的客观表象？在日记里告诉自己这种事情是一回事，但写书讲述主观真实是另一回事。如何写一本书，告诉读者他们要自己去寻找真理，而不是在书中寻找真理？这样的书岂不是写着写着就自相矛盾了吗？克尔凯郭尔处理这个问题的第一个策略就是把“理论”归属于一个假名。

在克尔凯郭尔的推动下，接下来的一个世纪中，德国和法国的哲学家，如海德格尔和萨特，将重新审视这一难题。海德格尔区分了具体的生存个体与纯形式的

（“本体论的”）个人生存结构，对前者的个人生命，哲学必须永远保持缄默，而后者，则是哲学要描述的任务。海德格尔掌握了德国哲学家埃德蒙德·胡塞尔（海德格尔本人曾经作为年轻教师当过胡塞尔的助手）所说的“现象学”方法。这是一种致力于描述经验的方法，而不用被卷入任何隐藏在经验背后的更深层现实的抽象理论。它不把经验看成是有待穿透的面纱，而是把经验看作事物本身。现象学首先要细心描述其外观。现象学家对具体经验的细节，对通常隐藏在不为人注意的哲学概念之下的、非常特殊的经验表现出非凡的敏感性。的确，克尔凯郭尔本人在他对焦虑和绝望的著名描述中已经表现出了非凡的现象学能力，这需要艺术家的细腻敏感。

在这段摘录的最后，这位年轻的日记作者得出结论
16 说，木已成舟，他无路可退。我们不能忽视这种反讽。他毕竟是一个作家，不是军队将军，不是警察局长，也不是主教。他产出的是文字——以任何标准来看，都数量惊人——而他竭力要说明的是，在文字中找不到生命。我们发现他在日记中一次又一次地说着这样的话：现在是行动的时候而不是言说的时候。但他从来没有真正参

与这个世界，如果参与世界就意味着结婚和承担人生中的职责的话。除非做一个作家已经算是一种行动[5]。通过探询“对我而言是真的真理”这种问题，他已经找到了他要寻找的东西。探询本身即是所探询之物。真理不是一种思想而是一种个人使命，捍卫这种思想就是他的使命。

克尔凯郭尔向雷吉娜说了一些借口，乞求远离俗世，跟随他自己内在的、隐秘的自我声音，走他自己的路。他的天才之处在于把自己秘密生活的硬币转换成哲学概念的货币——“单一个体”范畴，“那单个的人”，当代哲学家在其影响下称之为“特异性”——不可重复的、独特的、隐秘的、特殊的东西本身，而不是作为一个种类的样本。这就触动了后现代的心弦，现代性肯定同一性和普遍性的规则，而后现代性则强调个体的差异性。正如后结构主义哲学家吉尔·德勒兹所说，一切事物的共同之处恰恰是它们的差异性！万物之所以相同，就是因为万物相异。这个观念是由中世纪方济各会神学家约翰·邓斯·司各脱（John Duns Scotus，卒于1308年）率先提出的。他说，除了使一个事物成为一个物种的一

员，比如说人类的一员，而不是另一物种的一员的形式之外，每个事物都有“这个性”（haecceitas，即英语的
17 this-ness）的形式，“这个性”使它特异化并成为个体，这个特殊的人。诗人杰勒德·曼利·霍普金斯（Gerard Manley Hopkins）承接司各脱的这个思想，并围绕其建立了他的美学理论。霍普金斯认为，一首诗致力于描述一个非常特殊的、单一的事物，并试图捕捉它的“这个性”，却正是这样一种方式可以来表达具有普遍意义的东西。

事实证明，这一思路当时对许多人来说是一种威胁，它意味着相对主义或怀疑主义。它似乎放弃了古典哲学所坚持的普遍和共同的标准，而一头扎进了后来被称为“情境伦理学”（situation ethics）的东西里。虽然克尔凯郭尔及其开启的后现代传统确实对每个决定所处的特殊环境非常敏感，但这种观点并不是相对主义的。克尔凯郭尔是在敦促我们为自己的生活承担责任，要认识到生活的艺术就是在我们独自面对的环境中，在没有人能够代替我们的情况下，知道该怎么做。一个对具体的个人生存进行哲学思考的人，其任务是对我们生命的特异性说出一

些具有普遍意义的话。

寻找“对我而言是真的真理”的任务使克尔凯郭尔成为一个反哲学的哲学家，他书写的哲学与哲学的纹理相背离。他认为哲学不是通常所谓探究“第一”原因和普遍原则的最高科学。他的哲学是一种革命性的反哲学，它把哲学的头转向了相反的方向，转向了我们中间最低级的、最渺小的、最后面的东西：主观的、个人的、生存的、单一的、琐碎的“片段”，正如克利马库斯所说的，那些被黑格尔的庞大的“哲学体系”所忽略的东西。不过，克尔凯郭尔转向个体的动机是宗教性的，深受奥古 18
斯丁和路德的个体“独自面对上帝”模式的启发。我们突出的特异性是站在上帝面前的功能，就像站在绝对的白光前面一样，在那里，所有的面具都被揭去，我们必须完全诚实地面对自己。在那种光下，诡计不可能存在，因为上帝是不会被愚弄的。

对克尔凯郭尔来说，重点在于将一个人的生命暴露在时间的永恒之光下，从永恒的角度视自己为“永恒的亚种”（sub specie aeterni）。我现在所做的一切将产生永恒的影响，将决定我在永恒中的命运，我必须生活在永恒的律令下，而不是基于一时的风尚。克尔凯郭尔认为我们的生命悬浮在两个领域之间。我们既不是单纯的时间性存在（如动物，它们的整个生命都沉浸在时间和物质中），也不是纯粹的永恒性存在（如天使或柏拉图哲学中的非物质的灵魂）。我们也不是亚里士多德理论中的质料和形式的复合体，其中形式将质料塑造成这个而非那个东西。相反，我们处于时间和永恒之间的平衡中，生活在它们之间不可还原的距离中，在时间之中却在永恒之前。这种平衡，这种时间和永恒的对立面之间的张力，就是他所说的“辩证法”。而人类生存的艰巨任务就是学会跨越这种距离或跨越这种对立面，去处理这种对立面的辩证游戏。时间与永恒之间、尘世的幸福与永恒的幸福之间的鸿沟，就在他所思考的或此或彼的大问题的底部。正是这二者之间的张力为生存提供了能量，并赋予生命以生存的激情，就像一个人在巨大的深渊上方走钢丝一样。

我们可以从写于吉勒莱厄的日记中发现这种张力。他在这篇日记末尾提到的“战斗”是一场关于“误解”
19 的战争，他指的是黑格尔式的“调和”时间与永恒的课题。这种调和只能摧毁定义了我们的张力关系，并剥夺上帝永恒的真理和权威。克尔凯郭尔的“生存论的辩证法”并没有调和时间与永恒之间的张力（这只能削弱生存），而是强化了时间与永恒之间的张力（这会激发和强化人的生存）。调和是一种化解生存激情的诡计。在时间与永恒之间,绵延着“无限的质的差异”,是一个“深渊”。[6] 正如圣保罗所说,基督教是罪和绊脚石(《圣经·新约·哥林多前书》，1: 23），辩证法的火花便是从基督教的这种思想中产生的，永恒在不损害其永恒性的情况下，在时间里令人震惊地出现了（道成肉身），其悖论的结果是，我们永恒的幸福永远取决于过去的一个历史时刻。

做一个基督徒，就是听着永恒的呼唤，活在时间里；就是听着教堂的钟声，活在永恒里。是永恒把我们挑选出来，把我们个体化。

> 当时间的沙漏用完，时间性的沙漏……当你周围的一切都静止，就像在永恒中一样，那么……永恒只问你和这千百万人中的每一个人一件事：你是活在绝望中（还是活在信仰中）……[7]

把时间中的某一时刻看成是永恒的垂直力与时间的水平线相交并冲撞的点。基督徒生存的微妙艺术就是，当那股力量袭来时，保持我们的平衡；在时间的流动下，在永恒的冲击下，生命毅然前行。对基督徒来说，每一刻都是无限的时刻，而所有的永恒都悬在它的平衡中。暂时的选择会带来永恒的后果。克尔凯郭尔所有的反讽、幽默和诗意暗示都是维持这种张力，在时间和永恒之间走钢丝的各种手段。

总是威胁到如此微妙的辩证法的，是让一方以牺牲另一方为代价而变得过于强大。或者是让我们生活在时间中的世俗吸引力压倒永恒的要求，这就是所谓的“世界性”（worldliness）；或者相反，让永恒的要求变得强大，以至取消在时间中生活的意义，这就是所谓的“另一个世界性”（other-worldliness）或“厌世”（world-weariness）。在我看来，当克尔凯郭尔保持这种平衡时，他的作品处于最佳状态，但当时间的脆弱价值被无限的永恒所压倒时，他的作品就变得更加令人不安，这种情况在他生命的最后几年越来越频繁地发生。

像海德格尔、萨特和加缪这样的哲学家，他们与“永恒”潜在的宗教观念保持着距离。他们移除永恒而放上“死亡”，就像永恒也意味着时间的结束，并具有集中个体注意力的同等力量。但是，克尔凯郭尔认为，人类生命就像一个人沿着地球表面的断层行走，双脚各踩一边，下面是一道鸿沟。鸿沟的威胁给予生命激情、盐分、活力，并使生命变得无限地、永恒地有趣——要求“这种惊人的努力和这种惊人的责任”。[8]对克尔凯郭尔来说，放弃时间和永恒之间的深层鸿沟，就是放弃基督教本身，因为基督教信仰的是上帝成为人，永恒来到时间中，以赐予人类永恒生命。

第二章　审美论[*]

结婚，你会后悔；不结婚，你也会后悔；无论 21
结婚还是不结婚，你都会后悔……信任一个女人，你会后悔；不信任她，你也会后悔；无论信任还是不信任她，你都会后悔。上吊，你会后悔；不上吊，

* aestheticism 通行的译名是“唯美主义”，特指19世纪末在英国兴起的文艺思潮，也泛指一切以感性的愉悦凌驾于认知与伦理追求之上的艺术模式和人生态度。这个词更广泛的意义源于“美学之父”鲍姆嘉滕，他的 aesthetics 就是关于感性和谐的学说，包括基层的感官愉悦和高层的艺术快感，康德和克尔凯郭尔都是在这个意义上使用 aesthetics 的，因此译为“感性学”比译为“美学”更为恰当。而推向极端的 aestheticism 译为“感性论”更为恰当，意指以感性愉悦“论断”一切的艺术追求和生存态度，因为“美学”译名深入人心，这里只能妥协地译为“审美论”。相应地，aesthete 译为“审美家”，aesthetic existence 译为“审美的生存”。

你也会后悔；上吊或不上吊，你都会后悔。先生们，
这就是一切哲学的全部和实质。我不仅在某些时刻，
像斯宾诺莎所说，以永恒的方式（aeterno modo）
看待一切事物，而且始终以永恒的方式生活。有许
多人认为他们是这样生活的，因为他们在做了一个
或另一个之后，就将对立面结合或调解。但这是一
种误解；因为真正的永恒不在“或此或彼 ”的后面，
而是在它前面。因此，他们的永恒将是一种痛苦的
短暂时刻的连续，因为他们将被一种双重的后悔所
耗尽。我的哲学至少很容易理解，因为我只有一个
原则，我甚至不是从这个原则出发的……我不从任
何原则出发，因为如果这样做，我会后悔，如果不
22 这样做，我也会后悔。因此，如果我尊敬的听众中
有某一个或另一个人认为我说的话有什么内容，那
只能证明他没有哲学天赋；如果认为我的论点似乎
有任何向前的推进，也同样证明了他没有哲学天赋。
但是，对于那些愿意跟随我的人，虽然我没有任何
进展，但我现在要向他们揭开永恒的真理，凭借这
个真理，哲学仍然维持在自身内部，而不承认有更

高的哲学。因为如果我从我的原则出发，我就会发现不可能停下来；因为如果我停下来，我就会后悔，如果我不停下来，我也应该后悔，如此等等。但是，既然我从来没有开始，那么我也不可能停止；我的永恒的离开与我的永恒的停止是同一的。经验表明哲学的开始并不难。远非如此。它从无开始，因此总是可以开始。但是，对哲学和哲学家来说，困难的是停止。在我的哲学中，这个困难是可以免除的；因为如果有人认为，当我现在停止的时候，我就真的停止了，那么这就证明他自己缺乏思辨的洞见。因为现在我没有停止，我在开始的同时就停止了。因此，我的哲学具有简洁的优点，而且不可辩驳；如果有人反驳我，无疑我有权说他疯了。由此可见，哲学家的生活是永恒地活着的，而不像记忆得到祝福的辛提尼斯那样，只有某些时刻是永恒活着的。

——《或此或彼》，第一卷，第 37—39 页[9]

《或此或彼》（1843）是两卷本的长篇著作，它开启了克尔凯郭尔的假名创作，并使作者在当地声名鹊起。

尽管关于作者究竟是谁这一问题仍有争议。克尔凯郭
尔在 1837 年遇到了雷吉娜 · 奥尔森——当时她还是一
个 15 岁的小姑娘（他们都记录了那一刻的激情）——
23 于 1840 年与她订婚。对这种关系的困惑很快纠缠着他，
一年后他解除婚约，逃到柏林住了几个月，在那里开始
了他的作家生涯。通过《或此或彼》，克尔凯郭尔确立
了自己的声誉，他试图向雷吉娜和世界解释自己。这本
书专门讲述了生存三阶段中的前两个阶段，即从自我超
越寻欢作乐的生活（审美的）走向有原则的、合乎道德
的生存（伦理的）运动。而超越伦理的更高层次的信仰
生活（宗教的）的运动，只在此书的结尾略加勾勒。在
本章中，我们将考察第一卷的内容，作者在那里探讨了
审美生存的意义，以及为什么审美生存最终注定失败的
原因。但是，如果文本的目的（在第二卷中才明确）是
伦理的，而且最终是宗教的，那么其手段就是反讽性的
和喜剧性的，就像这段摘录所清楚表明的那样。

正如《或此或彼》的“编辑”维克多·埃雷米塔（亦称“隐修士维克多”，甚或“隐修士征服者”）所说，《或此或彼》就是一个谜一般的中国套盒。这段摘录选自第

一卷（“或此”），其中包含了“A”的论文，最后以约翰内斯（诱惑者）著名的《诱惑者日记》结尾。据说维克多在一个老秘书的办公桌上无意间发现了两捆整整齐齐的文件,这是其中的第一捆。第二捆是“B”的论文（“或彼”），里面有一位“威廉法官”写给A的三封信，最后一捆包括一位牧师朋友在日德兰北部偏远的荒野上写给法官的一篇布道文。

单单在这本书里，作者就使用了五个假名，读者在《诱惑者日记》和《最后通牒》中找到了一个关键点，即每一卷最后的辩证转折——克尔凯郭尔的作者身份三次被移除。这又引来人们的猜测：A是否只是不好意思 24
承认这其实是他自己的日记，A和B是否真的是同一个人，或者说全部都是维克多一个人的作品？克尔凯郭尔也写了《谁是〈或此或彼〉的作者？》这样一篇古怪的评论加入到关于作者真正身份的公共辩论中。他用了“A.F.”这一假名，认为这场争论不值得大费周章，最好还是把心思都用在这本书上。当克尔凯郭尔在1845年结束了他的假名创作时，他是这些文章的作者这一事实已是众所周知。在19世纪中叶的丹麦，假名在文学创作中并不罕见，虽然真实的作者很快就为公众所知，但这样做的目的是在评论中尊重作者的真实身份。

A 阐述了一种令人反感的自恋的或审美的生存，一种完全以给予自己快乐为目的的生活，从最基本的、最感性的到最高等的、最艺术的快乐，不惜牺牲他人的利益。而“B”法官是一个幸福的已婚男人，他捍卫着道德原则以及法律赋予他的责任感。克尔凯郭尔后来说，《诱惑者日记》是为了让雷吉娜退却，让她相信她已经摆脱了他，并维护了婚姻的荣誉，他随之将自己变成了一个臭名昭著的异己。本章开头的摘录选自第一卷里的“Diapsalmata”，该词取自《圣经·旧约》的希腊文译本，意为“间奏曲”或“副歌”。这个摘录是一系列格言中的一个片段，格言建立了一种审美家无原则生活的反讽和幽默“原则”。这段文字意在嘲讽黑格尔派，这些知识分子主导了 19 世纪中期的丹麦哲学和神学。克尔凯郭尔是在戏弄黑格尔的核心信条，即“系统”中的运动原则体现为矛盾原则中的否定力量。运动被黑格尔描述为对先天肯定的否定。因此，在《逻辑学》中，黑格尔以“存在”（being）这个最一般的、无预设的概念开始了他的辩证法，然后转向它的否定——“非存在”（non-being），“非存在”再过渡为“变易”（becoming）。纯粹的存在和纯粹的虚无都是静止的抽象，而真实的具体的世界由变易构成，变易是存在与非存在的统一。黑格尔试图在没有预设的前提下开始（不做任何假设），并通过将一切（终极性）包含在具体体现的理念（具体的普遍性）中结束。辩证法的结果是肯定与否定的高级统一，它们在抽象的相互对立中被扬弃，被提升为更高级的具体的统一。用在马克思影响下流行的语言来说，“合题”是“正题”和“反题”的更高级的统一 。为这种调解统一所付出的代价就是否定的勇气。

但对 A 来说，否定的代价太高了，他找到了一个解决办法，代价不那么高，同伴受到的伤害不那么大。完全不采取正题，他就不用遭受反题的打击。不采取立场，他就不会遭受对立和矛盾。不表态或做决定，他就不必承受否定的后果。他不支持任何事物，因此他也不必反对任何事物。他从不允许辩证法机器的齿轮啮合，而是将自己置于矛盾原则适用的领域之前或之上。一旦一个人暴露在实在或现实的风中，他就置身在矛盾原则的支

26 配中，那么游戏就已经输了。在那里，在现实的领域里，你被迫做出选择，而无论你怎么选择，你都会失败。无论你做什么决定，你都会被打得遍体鳞伤。

你若娶这个女孩为妻，她的腰身会变粗，她的美貌会衰败；她会变成一个令人讨厌的人，会对你提出一些让你一定后悔的要求。但是，如果你不娶她，世界将蔑视你，视你为花花公子，谴责你残酷地对待她，荒废了一个女孩的时间，你也会后悔。如果你献身于一桩事业或一位朋友，你同样后悔。最终，他们会出现在你家门口，要求你兑现承诺，而且是在很不恰当的时间，比如就在你正要去度假的时候。如果不兑现承诺，你的社交邀请就会减少，你会落得一个懒惰或自私的名声，让你后悔莫及。无论哪种方式，或此或彼，你都会后悔。所以，解决的办法，不是更高的调解，而是永远不要让这个或此或彼的齿轮介入，永远不要让自己陷入它的诱惑之中。先生们，这就是所有哲学的总和与实质。这就是永恒的智慧。但对一个审美家来说，永恒并不意味着要在“一系列痛苦的短暂时刻”中挣扎，也不意味着要超越有限的时间视点，以采取更高的永恒视点，“这是一种误解”。

审美家更喜欢低调的永恒，永远不会被卷入时间的动荡中，“因为真正的永恒不在或此或彼的背后，而是在它之前”。

这就是 A 的格言，他的出发点。但再一想，如果他承诺了一个出发点，他就会后悔（正如他不承诺一样后悔）。如果他有一个出发点，那就意味着他在运动之中，
其他人也会随之运动，然后，他们也都会后悔。这种非 27
常无原则的行为方式，不应该被视为一种严格的原则、规则或法则。如果你不保留收回这些决定的权利，你会永远后悔做出的任何决定。“审美论”的全部思想就是要果断地置身于犹豫不决和免于选择的领域中。审美生存是一门精巧的艺术，它需要一种天赋，要求机敏和轻巧的感动，有点像一只蜜蜂可以落在一朵花上，提取其美味的花蜜，然后继续前进。艺术需要恪守在可能性的范围内，保持永远的年轻，一双眼睛需看到无处不在的可能性，同时避开现实的严酷风浪（第 40 页）。在黑格尔的辩证法中，目的是一个综合体系中一切事物都达到最后的结论，这对有限的、暂时的精神来说是不可能的。A 免除了这一重任，他不必把事情带到一个结论上，因

为他从来没有真正开始过。

如果说避免矛盾的原则是这种无原则的审美生存的悖论原则，那么接下来的“轮作法”就是实现的策略。对于审美家来说，万恶之源是无聊而不是爱钱或闲散，一个人只要不无聊，就可以成为神圣（第 284—285 页）。审美家需要一种使事物变得有趣或好笑的能力，就像一个被困在无聊的讲座中的人，他对讲座开始时演讲者眉毛上形成的汗珠产生兴趣，汗珠随着漫长的讲座缓慢地从鼻尖流下，直到演讲者到达他的关键点时才掉下。审美家给出的策略基于一个农业类比：农作物的轮作。人们可以通过每年在不同的田地里种植相同的作物确保丰收，这样不会耗尽土壤，这就是所谓的粗放法。如果一个人的资源有限，他可以在同一块田地里轮种不同的作
28 物，这叫集约法。在爱情问题上，一个人也可以轮作或脚踏多只船，从一个女孩移动到另一个女孩，只要不停留太久，就不会引出承诺的遗憾。这就是唐璜的艺术，他在西班牙勾引了 1001 个女人，加上的这“1”是一个标志，就是给伯爵一个现实性的环；他的艺术是拙劣的，是纯粹的感官享受，是一种巨大的激情，而且缺乏阴谋。

他只想用纯粹的欲望融化一个女孩。

或者，审美家可以只耕种一块田地，耐心打理，在长期的诱惑中，随着时间的推移，慢慢地赢得一个女孩的心，对她长情。这需要含蓄、反思和耐心，这是一项风险更大的事业，因为它可能导致订婚和结婚，而审美家会后悔，或者导致丑陋的违约或离婚，这同样很不愉快。因此，如果能诱惑一个女孩，甚至与她订婚，并享受诱惑后的肉体成果，而不产生真正结婚导致的种种遗憾，这会是一个真正有趣的实验。诀窍是让女孩解除婚约，让她相信这全是她的主意，而你，可怜的家伙，则是受伤的一方。这就需要遗忘（避免沿途的牵挂）与记忆的双重艺术，因为在这里，对这段感情的诗意回忆是快乐的关键，回忆让计划的实际执行更有价值. 甚至超过后者的价值。一个审美家更享受翻看记载了旧日欢乐的剪贴簿时的余韵。

这就是声名狼藉的《诱惑者日记》的情节，它是《或此或彼》第一卷的最后一篇文章，一次关于如何订婚又不致后悔的练习（第 297 页），也因此在哥本哈根引起了相当大的轰动。《诱惑者日记》讲述的是一个名叫约

翰内斯的老练审美家勾引年轻纯真的女孩科迪莉亚的故
29 事，其中融入了索伦·克尔凯郭尔向雷吉娜求爱的诸多细节。在一个共同朋友的家中偶然遇见科迪莉亚之后，约翰内斯便精心策划了一场赢得她的活动。他在一个街角等上好几个小时（他知道科迪莉亚会穿过街角），做出一副轻快地从她身旁经过的样子，仿佛他没有注意到她，同时又确保她能注意到他。他重访他们共同朋友的家，用他的谈话让每个人都眼花缭乱，并无视她的存在。最后，他偶然遇上爱德华，爱德华爱着科迪莉亚，却十分害羞，他大方地自愿陪同这个年轻人去求婚。约翰内斯对科迪莉亚的姑妈讲了一番风趣幽默的话，让科迪莉亚无意中听到，而傻乎乎的爱德华就在那儿尽情地缠着科迪莉亚。约翰内斯决定，等爱德华没有用处后就立马让他走人。他本来主动提出要替爱德华向科迪莉亚求婚，结果却以自己的名义向她求起婚来，并告诉爱德华，这个令人吃惊的结果是拜她姑妈所赐。在随后的恋爱期中，约翰内斯慢慢诱导科迪莉亚生出这样的想法：订婚是一个人为的和外部的陷阱，玷污了他们内在纯洁而自由的爱情。她最终被说服，并主动解除了婚约，她姑妈为此对可怜的约翰内斯大加同情，认为他受到了沉重的打击。当这段恋情在肉体上完成后（只是非常谨慎地暗示），约翰内斯放弃了她，这也是《诱惑者日记》的最后一部分：

> 为什么这样的夜晚不能再长一些呢？……不
> 过，现在一切都结束了，我希望永远不要再见到她。
> 一个女孩放弃了一切，她就会软弱下去，她已经失
> 去了一切……我不想让人想起我和她的关系，她的
> 芬芳已经失去……然而，一个人能否把自己从一个
> 女孩身上诗化出来，让她为此自傲，以为是她厌倦 30
> 了这段感情，这倒是值得一试的。这可能会成为一
> 个非常有趣的尾声，其本身可能会有心理学上的旨
> 趣，同时也能丰富自己的情欲观察。（第 439—440 页）

《诱惑者日记》展示了生存的审美形式的崩溃，而不像黑格尔在《精神现象学》中那样通过较低级的意识形式的崩溃（矛盾）来展示精神的上升发展。约翰内斯的审美论导致了他残酷地滥用年轻女子的柔情的伦理矛盾。像黑格尔一样，克尔凯郭尔认为精神教育的方式是

随着较低级的形式在内部矛盾中崩溃，逐渐上升到更高级或更丰富的生命形式。黑格尔所认为的一种精神或思维的运动，对克尔凯郭尔来说则是一种生存的运动，一种经历具体的生命形式的运动，一种实际的生命形式的运动，而不是思维的运动。作为一种独立自足的生命形式，审美论会引致绝望，引致一种废墟般的生存，这是一种生存论的矛盾，而非逻辑的矛盾。通过这种矛盾，我们为不道德的生活的恐怖所驱赶，试图去超越它。当然，不是约翰内斯，而是我们，这篇《诱惑者日记》的读者，经历了这些之后需要继续前行。如黑格尔可能会说的那样，约翰内斯被抛在了后面，但是读者却提升了。对克尔凯郭尔来说，审美生存是一条死胡同，但不是因为它内部不一致，逻辑上有矛盾，而是因为它过于冷酷的逻辑和一致性了。相反，这是一种道德的噩梦，是我们的道德情操所遭受的暴行，正是这种道德情操促发我们对更高观点的需要。

31 值得注意的是，克尔凯郭尔常常被当作黑格尔的无情对手，这并不完全正确。克尔凯郭尔确实与哥本哈根的黑格尔派哲学家关系紧张。克尔凯郭尔说，他们都是哲学游戏的记分员，但没有人玩这个游戏。也就是说，他们只是评论黑格尔，自己却不是原创性的思想家。这也是事实：他一生都在与黑格尔的“体系”的核心观点搏斗；这种观点的目标是企图通过体系全面系统地描述上帝和历史。但克尔凯郭尔还是深深地受到黑格尔本人的影响，他崇拜黑格尔，用黑格尔的方法产生非黑格尔的结果。《或此或彼》就是一个很好的例子，它提出了一种替代的或与之竞争的“现象学”：生命的各种形式或上升阶段的展示，生存的展示，而非“意识”（黑格尔）的展示。在这种“现象学”中，我们对约翰内斯的非道德主义的愤怒是为了唤起我们的道德情操，并开启我们上升或“攀登”克利马库斯的阶梯。克尔凯郭尔的目标不是像黑格尔那样生产一个包罗万象的哲学体系，而是唤醒个体生存的强度和激情。

第三章　伦理的

现在让我们来看看浪漫爱情和夫妻之爱之间的 32
关系……夫妻之爱从占有开始，并获得内在的历史。它是忠诚的。浪漫爱情也是如此，但现在请注意两者的不同。忠贞浪漫的恋人等待，比方说，等待15年，然后到了回报他的时刻。在这里，诗歌会轻易地将这15年进行浓缩，而直接描写回报的那一刻。一个已婚男人忠诚了15年，然而在这15年中，他已经占有了，所以在这漫长的时间连续中，他不断地获得了他所拥有的忠诚，因为夫妻之爱本身就包含着初恋，同样也包含着对初恋的忠诚。但是，这样的理想婚姻是难以呈现的，因为问题在于时间是延伸的。15 年结束的时候，他显然并没有比开始的时候更进一步，但在审美上他已经生活在一种高度了。他的占有并不像僵死的财物一样，他一直在不断地获得自己的占有。他没有与狮子和食人魔战斗，而是与最危险的敌人战斗——这个敌人就是时间。
33 但对他来说，永恒并不像骑士那样要通过拼杀才能拥有，而是在时间中就拥有了永恒，在时间中就保存了永恒。因此，他独自战胜了时间；因为如果拿骑士打比方，我们可以说骑士他杀死了时间，就像一个人总是希望杀死时间，因为时间对他来说并没有现实性。已婚男人，是一个真正的征服者，他没有杀死时间，而是在永恒中储存和保存了时间。做到这一点的已婚男人真正诗意地生活着。他解开了生活在永恒中却又听到厅堂钟响的大谜团，而且听到的是，时钟的鸣响并没有缩短而是延长了他的永恒……那么，当我心甘情愿地承认浪漫爱情比夫妻之爱更适合于艺术表现时，这绝不是说夫妻之爱比浪漫爱情缺少美感；相反，夫妻之爱更具有美感……夫妻之爱在时间中有其敌人，在时间中有其胜利，

> 在时间中有其永恒……它是忠实的、恒久的、谦卑的、耐心的、坚忍的、宽容的、真诚的、知足的、警觉的、愿意的、喜悦的……个体不是与外在的敌人作战，而是与自己作战，与他内心的爱作战。它们与时间相关，因为它们的真理不存在于一劳永逸之中，而存在于不断地成为它们自己之中……对于这个事实，你和所有为征服而生的人都没有概念……当战斗获胜的时候，当最后一枪的最后回声消失的时候，当敏捷的思维像一个匆匆赶回总部的参谋那样，报告说胜利属于你的时候——那时你事实上什么都不知道，你不知道如何开始；因为那个时刻，你第一次处于真正的开始。
>
> ——《或此或彼》，第二卷，第 140—143 页[10]

在《或此或彼》第二卷中，生存从审美的模式过渡
到了伦理的模式。我们在此遇到了“生存主义自我”，
标志着哲学上对自我理解的深刻转变。克尔凯郭尔没有 34
采用关于自然或实体的古典术语来思考自我，把自我理
解成某种根本的本质或同一的事物，而是提出了自由、

决心和选择等根本不同的范畴。自我就是它的所作所为，是构成它或未构成它的事物，这一观点与美国实用主义的观点颇为相似。这一提议令具有更为传统的思想框架的哲学家感到不安，因为克尔凯郭尔以自由定义人类，似乎将人类从自然的秩序中剥离出来，并切断了人类与存在大链条的联系。就克尔凯郭尔本人而言，这种自由总是面对上帝行使的，上帝如同一个支点或阿基米德点在起作用。但在他之后的世俗生存主义者那里，这种新发现的自由却触犯了上帝，自由预示着更加自由的摆动。

本章开头的文字摘自给审美家的系列书信，法官在信中认为婚姻事业高于审美家的孤独自娱。法官特别指出，审美家没有选择，因而根本没有自我。要看清法官在审美立场和伦理立场之间的区别，最好的办法就是回到时间和永恒的背景区别上。审美家缺乏对时间的真正参与，因为他缺乏对现实的参与，而这反过来又因为他对永恒的经验很肤浅。审美家活在瞬间中，为瞬间而活，为瞬间的转瞬即逝、短暂和偶然的快乐而活。即使耗费时间，如约翰内斯等待科迪莉亚等了几个小时——或者即使像浪漫主义小说中等待 15 年——就为了转瞬即逝

的那一刻。浪漫主义诗人济慈的《希腊古瓮颂》很好地
为审美家诠释了永恒，这首诗描写了两个永远准备接吻
的恋人，他们的嘴唇永远不会相遇，他们永远年轻，永 35
远期待着一个永远不会发生的吻。但在伦理上，永恒意
味着一种稳定持久的承诺的力量，通过持续不断的时刻，
一种在与时间的无止境的角力中为之奋争并赢获的东
西。当浪漫的恋人说“我愿意”的时候，帷幕合上，小
说便结束了，随后日常生活的现实就在梦幻般的幻想中
挥发殆尽。但在生存的急流中说“我愿意”，只是开始，
为未来宣誓，发誓稳步前进，用永恒的稳健管理时间的
溪流，“在聆听着厅堂钟声的同时”，实践着“在永恒中
生活”的艺术。浪漫爱情很容易表现，因为它是在戏剧
性时刻相遇的——恋人们相遇，火花四溅，他们分开的
15 年都浓缩在五页纸上，然后，他们团聚，投入对方的
怀抱，一切美好，故事到此结束。而婚姻生活是不容易
用艺术来表现的，因为它是日复一日的细小的、无形的、
琐碎的增长，表面上什么都没有发生。浪漫爱情就像一
个将军，知道如何征服，但一旦打响最后一枪取得胜利
后就不知道如何治理。已婚人士不像审美家那样知道如

何消磨时间，他们掌握时间而不是消磨时间。婚姻中，人们要明智地使用和管理时间，要让自己的双手把牢日常生活的犁。

伦理留存于粗糙和混乱的“现实性”。丹麦语中的“现实性”（Virkelighedens）是德语“Wirklichkeit ”的同源词，即产生实际后果的领域。在同年出版的《重复》一书中，一位化名为康斯坦丁·康斯坦提乌斯的人区分了“回忆”和“重复”。“回忆”指的是“向后重复”（通过重温某件过去的事），而“重复”指的是“向前回忆”（向前运动将一件事收集或聚集在一起）。在回忆中，生
36 活的现实性只是提供了审美反思的机遇，提供了一种从现实中剪裁下的快乐，就像一朵干花，可以在一首诗、一幅画、一篇日记或一个白日梦中永恒地品味。对于一个审美家来说，一段爱情、一段生命本身，实质上已经结束了，它还没来得及开始就被搬运到永恒之中，其间为所爱的人提供了一个审美遐想（aesthetic reverie）的“机遇”。另一方面，重复则是向前推进的，作为重复的效果产生重复的东西，就像誓言通过每天重复来遵守一样。婚姻是在时间中形成的，在时间的过程中锻造的。

在重复中，目标永远在前面，是要赢取的奖品。重复这个面向未来的形象有多种取材来源，包括：圣保罗，对他来说信仰是一场要赢得的斗争；奥古斯丁《忏悔录》中关于信仰的“日常战斗”；以及路德的“十字架神学”（theologia crucis）。

在审美生活中，重复注定失败。如果你永远忘记不了你的第一次，你也永远不会将它重复！初恋不能重复，只能回忆。但在克尔凯郭尔的伦理学观点中，一切都取决于重复的可能性。就伦理而言，我们永远站在起点，未来就在前方，每一天都提供了一个新的、再来一次的挑战，所以只有到最后我才能完全实现；只有到最后誓言才最终得到遵守。克尔凯郭尔在这里指出了一个不同于亚里士多德的方向。对亚里士多德来说，伦理是一个形成美德“习性”的问题，而不是在每个时刻重新开始。亚里士多德的“习性”有利于美德的实践，而在克尔凯郭尔的重复中，强调的是困难。婚姻之爱本身“就包含着初恋，同样也包含着对初恋的忠诚”。初恋的所有浪漫都被带入婚姻，在婚姻中被转化、保存和深化为一种终身的忠诚。

37 如果说拥有自我就意味着持续存在着一个忠实自我，那么，对法官而言，审美家是没有自我的。审美家的生命被挥发成一系列不连续的时刻，被这样的规则支配：忘记过去任何不愉快的事情，只回忆过去的快乐，并将未来简化到提供新的消遣的可能。审美家缺乏赋予生命的生存的统一性，既无法承担过去的责任，也不能保证自己许下的誓言在将来得到遵守。正如克尔凯郭尔所言，他唯一关心的是避免衣服的后摆被现实的门夹住，也就是说，通过避免做出任何承诺来躲避任何的不愉快。

在《或此或彼》中展开的新的"自我"的概念，为海德格尔在其开创性著作《存在与时间》中的生存性的自我的概念提供了基础。审美家之所以缺乏自我，是因为他的生活缺乏选择的决断，对克尔凯郭尔来说，最尖锐的例子就是婚姻的誓言。"瞬间"（moment）这个术语在《存在与时间》中也发挥着核心作用，它不是凝固在希腊古瓮表面的时间片断，而是由誓言的持久承诺所承载的选择的瞬间，或者说真理的瞬间。在这一时刻，分散的生命之流被聚集成一个统一体。在海德格尔所说的"本真的坚定性"中，自我对它的过去和未来承担起责任，投身于行动之中，并为其后果承担责任。如此的自我就是一个统一体，在这个统一体中，一个人所拥有的和承诺的所有东西都被聚集在一个决断的时刻。用克尔凯郭尔的话来说，自我的短暂性已经交织于和受制于永恒性，这里的永恒性指的不是来世的永恒性，而是他所说的自我的“永恒有效性”，作为自我的持久连续性，这是一种伦理忠诚的结构。

所有这些，审美家都会承认。但他的观点是要避 38
免拥有如此连续的自我所带来的一切艰苦努力，以及如此忙碌的自由所带来的一切烦琐责任。他宁可要他的雪茄，也不要一个自我。法官认为，伦理（婚姻）并不废止审美（情爱），而是在它周围筑起道德安全的栅栏，让它在婚姻花园里茁壮成长，而不是在野外消亡。审美家会用打哈欠的方式应对这个论调。审美家一开始就没有采纳道德的观点，只有当一个人拥有了道德观点，法官的论点才会被接纳。法官主张道德在道德上优于审美论，就此审美家肯定会赞同，但他反对的是道德本身。你没有任何道德上的理由可以对约翰内斯施加影响，因为他拒绝进入道德推论的领域。审美家拒绝玩选择的游戏，除非他选择不选择。就像赫尔曼·梅尔维尔短篇小说中的抄写员巴托比一样，他倾向宁愿不选择（would prefer not to）。所以，在关键点上，法官意识到他真正的任务是让审美家不只是做选择，而是“选择选择”。一旦选择计划启动，法官将相信新教良心的动力会引导审美家走上善的道路，并远离恶。法官的根本任务是引导审美家选择道德的观点。在《或此或彼》中，面临的选择不是做一个审美家还是一个道德者，更确切地说，是宁愿不做任何选择，还是过一种选择的生活。

克尔凯郭尔式的伦理学被阿拉斯代尔·麦金太尔等思想家错误地指责为“决断论”（decisionism）[11]，这意
39 味着让一切都取决于内心的选择而不考虑选择的内容。他们是因为误解了克尔凯郭尔立论的层次才造成这样的混淆。克尔凯郭尔并不是在寻找我们可以据以做出这个选择而不是那个选择的标准；对此，他认为根植于良心的道德规范和基督的榜样将指导我们。但是他提供了一个具体的描述，描述了有选择的生活和无选择的生活之间的区别，他期望用这个描述来完成这个重任。他是在敦促审美家进入道德游戏，赋予选择更重要的伦理意义。

为了唤醒我们的道德感受力，他将伦理层次的生活与科迪莉亚受到的残忍对待进行了对比。他试图激起人们的道德观点，而不是为了说明一种行为比另一种行为更有说服力。我们看不到约翰内斯的希望，他永远抗拒法官的攻击。那就这样吧。他的命运无关紧要。他没有命运。约翰内斯甚至不存在，他只是小说作品中的一个人物、一个审美化身，演绎着作为一种生活方式的审美论的抽象观念。存在的是我们读者，我们的道德感受力并没有死亡。正是在约翰内斯身上看到了赤裸裸的审美论的恐怖，我们才会被这些画像所感动。

《或此或彼》中展开的生存辩证法的最后一个转折点出现在《最后通牒》中。《最后通牒》是一个在日德兰北部海岸蛮荒之地担任牧师的朋友寄给法官的一篇布道文。在“生存辩证法”中，一种生活方式在出现后，却在内在张力的压力下撕裂而崩溃，我们因此被转移到一个更高的阶段，这时一种生活方式才出现。这篇布道文反映了这样一种思想：在上帝面前，没有人是正义的。布道文说，上帝的法庭不是试图证明自己正义的地方。 40
“一个人做自己能做的事”，并不能与上帝同行。当你想到自己所行之恶能有多大时，难道你不曾审视自己的内心，并因焦虑的眩晕而头晕目眩吗？最好承认自己错了，这意味着每时每刻都要重新开始，决心做得更好。与其坚持说，即使你并非总是正义的，至少也比别人正义得多，倒不如去与一个无限标准建立关系，采取一种绝对观点，而不是停留在一个有限的和相对的立场上。牧师最后说，要把这个思想变成你自己的思想，“因为教化的真理才是为你的真理”。

法官发出的这封信是想教化审美家，但《最后通牒》的意义在于，它的信息是针对法官本人的：在上帝面前，即使是总自诩正义的法官也是有错的。在上帝面前，伦理就是傲慢。有一个比道德观点更高的立场，一个更绝对和无条件的立场。只要一个人还在伦理的参照系内，我们就会被诱导得出这样的结论：我们已经履行自己的职责，我们是正义的。那么，伦理是否真的构成一种诱惑呢？伦理是否会引诱我们远离与上帝之间无条件的绝对关系，让我们陷入自我满足？伦理是否会变成一种与普遍、与希腊意义上的“神圣”（theios）的关系，而我们真正需要的是与上帝（theos）的个人关系？这篇布道文揭露了伦理固有的“绝望”，它在生存中留下漏洞，就像《诱惑者日记》揭露审美论固有的绝望一样。这篇布道文警示我们，如果把伦理生活作为一个自给自足的最终观点，就会面临种种风险。自我如果留在伦理观点中， 41
就会被剥夺绝对观点，并满足于一个比上帝的绝对神圣更低的标准。

我们现在可以看到这本书的辩证运动了，一个给定的观点出现只是为了给它的内在张力让路。法官试图引导审美家走出自爱的孤独，进入普遍适用所有人类的共同体，但牧师的布道文却让法官和读者与他一起走向非普遍性的宗教之道，这将是克尔凯郭尔下一本书《恐惧与战栗》的主题。在一个让人不由得感受到辛酸和自传的意义的观察中，法官说，他能想到一个情形：当一个人的内心生活如此复杂，以至于难以揭示的时候，他可能会免于婚姻，甚至被劝阻。这种隐秘的内心生活会毒害婚姻，因为要么他的妻子永远不会理解他，要么即使理解了，她也会为他的焦虑所牵扯，自己永远不会幸福。

克尔凯郭尔的假名约翰内斯·克利马库斯曾经开玩笑说，他没有哲学的头脑。这是一个极具反讽的轻描淡写的陈述，因为我们在法官给审美家的信中所发现的正是一种关于如何思考人类自我的名副其实的范式转变。古典形而上学认为自我是一种实体或灵魂，一种本质或天性，克尔凯郭尔拒绝了这一范式，将自我作为一种由自由的织物和选择的组织编织而成的文本。克尔凯郭尔没有把人安全地镶嵌在本质的秩序或存在的等级中，认为人必须受自然法则的约束，而是说我们就是我们所为。自我并不是一种潜在的、永恒的实体，而是一种有待完
42 成的任务，作为一种人类的独特的时间经验。自我是一项可能完成或无法完成的任务，这是海德格尔区分“本真性”与“非本真性”的基础，它取代了“自然的”与“非自然的”，甚或“善”与“恶”等旧的区别。“自我”作为一个根本不同的“范畴”而出现——一种自由的范畴，它不再被认为是一个“物”（res）——无论这个物的装备多么精良，即便你思考得再远，将其作为一个理性的或精神的或“思维物”（res cogitans，如笛卡尔所言）来操作。自我是一种自由的形式，而不是一种物。

克尔凯郭尔所进行的概念革命开启了“生存主义”的大门。当海德格尔说“自我的‘本质’在于生存”，

当萨特写下人的“生存先于本质”，表明“什么”或“谁”都是选择的结果，他们都是以克尔凯郭尔思想继承人的身份在说话。这对许多思想家来说是一个令人不安的发现，因为它消除了“本质”和“自然”所提供的稳定规范，似乎把左右他们自己成为什么的权力交给了人类。就克尔凯郭尔本人而言，这种倾向总被上帝抑制，但是，如果上帝被移除，就像加缪和萨特的无神论生存主义那样，一切都改变了。那么，以自由之名反抗上帝的生存大门就打开了。

无论谁在这个文本上签名，这一文本在概念上的突
破都是不言自明的。记住“A.F.”的建议，我们最好进
入《或此或彼》关于封面之后的内容所进行的辩论，而
不是纠结于封面上的名字。正如柏拉图对文字的评价一
样，《或此或彼》的文本是作为“孤儿”被带到这个世
界上的，它是一个真正的作者创作的，而这个作者却刻
意不承认，并将它们归于不存在的想象中的作者。那么， 43
我们要靠什么来引导呢？谁来做我们的灯塔？我们被抛
到了我们自己的身上，我们必须自己做决定。终究，唯
一重要的真理是“为我们”的真理。

第四章　信仰骑士

我不知道在我们这一代人中是否有人能够做出 44
信仰的运动？如果我（以悲剧英雄的身份，因为更高的层次我不能到达）奉命参加像去摩利亚山这样的非同寻常的高贵之旅，我很清楚我会做什么。我不会怯懦地待在家里，也不会在路上拖拖拉拉地游荡……不过，我也知道我还会做什么。当我跨上马背的那一刻，我会对自己说：现在一切都失去了，上帝需要以撒，我要献祭他连同我所有的快乐……我决心做这个运动，以证明我的勇气。从人性角度说，我全心全意地爱他，这是前提，没有这个前提，整个事情就成了一桩罪行。不过，我不会像亚伯拉罕那样去爱，因为那样的话，我就会在最后一刻退缩……此外……如果我重新得到以撒，我会陷入尴尬的境地……对亚伯拉罕来说最容易的事，对我来说却很艰难——与以撒重新在一起的幸福。

但亚伯拉罕做了什么？他既没有太早到，也没
45 有太晚到。他骑上驴子，慢慢地上路。在这段时间里，他满怀信念，他相信上帝不会向他要以撒，但如果上帝要求的话，他愿意献祭他。凭着荒诞他拥有信仰，因为人的推测根本无用，上帝在前一刻要求他做的，在下一刻却又取消这要求，这当然很荒诞。他爬上了山，即使在刀光闪烁的那一刻，他也相信上帝不会要走以撒。毫无疑问，他对这个结果感到惊讶，但通过一种双重的运动（a double-movement），他已经达到了基本条件，因而他比第一次更高兴地得到了以撒。让我们更进一步。我们让以撒真的被献上。亚伯拉罕拥有信仰。他对自己在未来的生活中能否得到祝福没有信心，而是相信自己在这个世界上会得到祝福。上帝可以给他一个新的以撒，可以使被献祭的以撒恢复生命。他凭着荒

> 诞拥有信仰，因为所有人类的推测早已停止……但是，能够失去一个人的股票理解力，以及连同的一切有限事物（理解力就是后者的经纪人），然后重新凭借荒诞赢回这些有限事物——这让我大为惊恐震惊，不过，我不会认为这是低劣的东西，相反，这是独一无二的奇迹……这就是亚伯拉罕所站立的山峰。在他看来，要经历的最后阶段，是无限弃绝（infinite resignation）的阶段。实际上他已更进一步走到了信仰……我不能理解亚伯拉罕……我们这一代人没有止步于信仰，没有止步于信仰的奇迹，把水变成酒，而是更进一步，把酒变成水。
>
> ——《恐惧与战栗》，第 34—37 页[12]

《恐惧与战栗》可以说是克尔凯郭尔最著名也最有
争议的作品。这本书的英译本不到 125 页，通过著名的 46
亚伯拉罕献祭儿子以撒的故事，把我们引入“宗教阶段”，
这是第三阶也是最高阶的生存阶段。对克尔凯郭尔来说，
这个故事寓示着伦理规则允许例外，因为上帝作为道德
法则的作者，可以中止任何给定的法则，只要上帝愿意。

这是一种非常危险的立场，当我们今天被宗教暴力所席卷，被那些自认有权甚至授命以上帝的名义杀人的人所威胁时，情形更是如此。那些被克尔凯郭尔的主观性真理观所困扰的人所生出的最严重的恐惧似乎在《恐惧与战栗》中实现了。有些东西，是否只要你深深地、充满激情地相信它是真实的，那它就是真实的？这难道不是狂热主义的定义吗？这恰恰是每一个接近这个文本的人都必须面对的问题。虽然我将集中讨论这个问题，但我也会在本章结尾处引入雅克·德里达对《恐惧与战栗》的解读，这个解读带来了一个重要且富有成效的“后现代”转折。

该文本的假名作者名为“沉默者约翰内斯”，这意味着亚伯拉罕发现自己所处的无法表达、不可理解的境地。亚伯拉罕陷入了沉默；他不能向别人解释他在做什么，因为他自己也不明白。当他开口说话时，是具有反讽意味的——以撒问他献祭的羔羊在哪里，他只是回答说上帝会提供。与《圣经·旧约·创世记》前几章中描绘的亚伯拉罕形成鲜明对比的是，他没有与上帝辩论，也没有试图达成协议。在贯穿全书的经济隐喻中，沉默

者约翰内斯坚称，他的同时代人一直在低价兜售信仰，同时声称要通过哲学知识来超越信仰。因此，他的工作 47
就是要表明真正的信仰是多么昂贵，以及亚伯拉罕如何花了一生的时间试图获得信仰，而不是超越信仰。信仰的真正代价是恐怖的狂热信仰（horror religiosus），亚伯拉罕的可怕任务的恐惧与战栗，这使得黑格尔派的哲学家惶恐不安，因为这些有限观念的股票经纪人只与感性、人类以及内在性打交道。缓慢爬上摩利亚山的过程充满了恐惧。亚伯拉罕在上帝面前是孤立的，他被剥夺了普遍性的舒适，被剥夺了解释，被剥夺了人类共同体以及人类的语言。

亚伯拉罕爱以撒胜过爱自己的生命，如果他被要求牺牲以撒以应对一些可怕又不可避免的必要性，如拯救他的国家这样出于人的目的，而不是为了接受上帝的试探或“考验”，那么亚伯拉罕将是一个“悲剧英雄”，置身在伦理和可理解性的极限。沉默者约翰内斯说，在他最好的时候，他也许能做到这一点；但“更高的我做不到”。文学作品中也有这样悲剧英雄的例子——阿伽门农为了拯救自己的城邦，牺牲了自己的女儿依菲琴尼亚；

苏格拉底因为坚持自己的原则，接受了雅典法庭的死刑判决。他们都是为了城邦利益或坚持原则而甘愿牺牲一切的人。国家和原则是有意义的，但亚伯拉罕被要求抛开这样的意义（“人类的算计”）。他必须放弃以撒。这是第一种运动，无限顺从的运动，随后他又做出第二种更高阶的运动，即信仰的运动。苏格拉底和阿伽门农是有原则的人，他们被推到了原则的最高级和最
48 英勇的极限，做好为了保护原则而失去一切的准备。但是信仰是第二种运动，超越了原则的普遍性：

> 信仰是一个悖论，单一个体高于普遍性。但请注意，运动以这种方式重复着自己，所以在进入普遍性后，他作为单一个体将自己孤立起来，成为高于普遍性的个体。如果这不是信仰，那么亚伯拉罕就输了……因为，如果伦理即社会道德是最高的，如果在一个人身上没有以某种方式残留的不可通约性，这种不可通约性并不邪恶……那么除了希腊哲学所具有的范畴外，就不需要其他范畴了……（第55页）

就伦理而言，亚伯拉罕愿意杀人。就伦理而言，父亲应该爱儿子胜过爱自己。因此，如果亚伯拉罕不是一个悲剧性的英雄，那么他就是一个杀人犯，除非还有另外一个范畴，那就是信仰。

亚伯拉罕从没有怀疑过上帝的应许，即他要做几代人的父，有像天上星星一样多的后代。请注意，这个应许涉及的是这个世界，是一种尘世的不朽，不是死后的生命，不是真正的永恒生命。亚伯拉罕相信上帝：上帝不会让他完成牺牲，或者上帝会用另一个儿子替换以撒——亚伯拉罕和撒拉已经100多岁了——甚至，最矛盾的是，上帝会在以撒被献祭后复活他的生命。亚伯拉罕不理解上帝的方法，但“他凭着荒诞拥有了信仰，因为人类的所有算计早已停止”。在上帝那里，凡事皆有可能，即便是对我们所不可能的事。一个次要的人可能 49
会做出无限的顺从，放弃有限的事物，为了无限的事物而放弃自己的意志，遵行上帝的意志。一个次要的人可能会明白，为了某种事业，儿子有时必须牺牲，他会甘愿牺牲有限的事物，以符合无限的事物，符合上帝的法则。这就是沉默者约翰内斯所说的“无限顺从的骑士”

（第 42—44 页），一个人以其全部的骑士勇气达到了放弃自己意志的极限，但是他这样做并不期望会挽回他的失丧。但是，亚伯拉罕是沉默者约翰内斯所谓的“信仰骑士”（第 38—41 页），这意味着亚伯拉罕实施了第二种运动。亚伯拉罕相信，一旦以撒被献给上帝，他也会得到复活。上帝会信守他的应许，亚伯拉罕即使放弃以撒，也能欣悦地接他回来。另一方面，一个无限顺从的骑士，他确信一切都会失去，会十分困惑于这种意想不到的转折。以撒的复活是一种更高层面的“重复”，它超越了纯粹的人类的能力，而完全依赖于上帝的能力。可以肯定的是，一个人不能走到另一个极端，过于相信上帝的某种“信仰主义”（fideism）的极端，认为上帝是理所当然的，从而免除了恐惧与战栗。上帝是在试探亚伯拉罕的信仰，而不是和他玩游戏，看看亚伯拉罕愿意下多大的赌注。亚伯拉罕相信上帝，他不是简单地赌上帝会在这场高赌注的游戏中最先眨眼。否则，亚伯拉罕将不会被人记住为“信仰之父”，而是被人记住为“扑克之父”。

我们可以从整体上来看看生存三阶段的运动了。审美家竭尽全力地停留在普遍之下，在那里他可以自由地享受他个人的快乐，避开法律的控制。法官以坚定的步伐拥抱普遍，并在现实和法律的粗暴混战中站稳脚跟。 50
然而，“信仰骑士”进行了信仰的飞跃，进入与上帝一对一的孤独关系中，在那里，普遍法律的权威被悬置了。骑士没有受到违背伦理的试探，但是伦理本身就是试探。亚伯拉罕受到诱惑，不得不求助于法律（“你不可杀人”），这将使他免于承担这一可怕的责任。德国哲学家伊曼努尔·康德曾说，亚伯拉罕有责任质疑一个敢于做出明显不道德的行为而又自称是上帝的声音。但对克尔凯郭尔来说，这是把普遍的神性置于个人的上帝之前；这是把伦理置于上帝之前。永生的上帝设定了自己的条件，与人的条件并不符合。亚伯拉罕经历了沉默者约翰内斯所说的“伦理的目的论悬置”。个体被剥夺了普遍伦理的掩护，就暴露在至高者的可怕面孔面前。

但是一个“信仰骑士”，一个有亚伯拉罕信仰的人，会是什么样子呢？他会不会是一个极其非凡、极其可怕的人物，就像在旷野中穿着麻衣的施洗者那样的人？沉默者约翰内斯认为并非如此。如果我们偶然碰到这样的人，我们会跳回来，拍手叫道："上帝哪，这就是那个人吗？真的是这个人吗？他看起来就像一个税吏！"（第 39 页）在他的外表上，不会有任何东西出卖他与无限的联系。人们可能会误以为他是一个"商人的灵魂"（mercantile soul），在回家吃晚饭的路上停下来观察正在施工的建筑。重要的是，"他除了凭借荒诞之外，不会做哪怕是最微小的事"。他会放弃世上的所有快乐：虽然他心里乐意接受，但没有快乐，他照样可行。他放弃了一切，但"凭借荒诞的方式"，他又恢复了一切（第 40 页）。克尔凯郭尔的信仰骑士是新教理想的典范，也是他所要保持的辩证张力的完美实现。信仰骑士并没有离开世界而进入修道院，而是在有限与无限之间保持着完美的平衡，处身时间的家中，同时又知道自己真正的家在永恒中。[13] 他完全是内在的，与上帝保持着一对一的关系，同时把有限之物当作是主（Lord）给予的东西，但主也可以取走，在《圣经·旧约·约伯记》中探讨的这种观点也体现在和《恐惧与战栗》同一天出版的《重复》之中。宗教是一种凭借荒诞进行的重复，一种完全掌握在上帝手中的重复，不像审美的重复，它受到挫败的威胁（比如试图重复初恋），也不像伦理的重复，它取决于我们脆弱和有罪的意志的力量。信仰不仅是最高阶的，而且是唯一真实的重复，如果存在重复的话，重复的问题就是圣保罗所说的新的创造，新的存在（《圣经·新约·哥林多后书》，5: 17）。

在《恐惧与战栗》中，我们发现了克尔凯郭尔的规划中第一个麻烦的迹象，即永恒力量可能废除时间意义的迹象。尽管这本书出色地描绘了克尔凯郭尔信仰的典范——信仰骑士，但它是一个闪烁的红色警报，预示着前方道路上的麻烦。它既是一本麻烦的书，也是一部天才之作。乍一看，这本书似乎是一本狂热主义的配方——书中杀死一个无辜孩子的人却被当作信仰的英雄而喝彩。纳粹可能会声称他们杀死犹太人是在执行神圣的使命，而各种各样的宗教恐怖分子——基督教的和犹太教的，穆斯林的和印度教的——总是说他们自相残杀是在做着上帝的工作。如果一个人可以杀死一个无辜的孩子，为什么不可以杀死许多孩子， 52
或者整个种族的无辜的人呢？如果信仰的显著标志是“凭借荒诞”，并越出与别人的交流和普遍标准，那么指出这种观点与所有的理性和人类的理解相矛盾，这并不是什么异议。

沉默者约翰内斯预见到了这种反对意见。从他的立场来看，最关键的是，“如果缺乏这个前提，整个事情就会变成一种错误行为”，这个前提就是，牺牲是出于爱而不是恨，亚伯拉罕全身心地爱着以撒。纳粹分子会被要求全心全意地爱犹太人，宁愿放弃自己的生命也不愿意“牺牲”犹太人；各种恐怖分子会被要求像爱自己的孩子一样爱他们的受害者。尽管如此，这种情形在原则上是站得住脚的，如果有人真的爱自己的配偶、子女或邻居，并且真的觉得是在接受上帝的命令而牺牲他们。克尔凯郭尔赞同甚至赞美这种情形，他的论点不仅是错误的，而且是危险的。在《恐惧与战栗》中，我们看到了在他生命的最后阶段出现的宗教观念扭曲的初步迹象，上帝的要求如此支配一切，以至它们可以完全废止尘世生命的意义。辩证法非但没有维持其张力，反而崩溃了。克尔凯郭尔的问题最终出在：他认为如果有一天永恒提出无条件的要求，就像上帝在这里要求着亚伯拉罕的荒诞那样，短暂的生存并没有事物、实体和必要物资用来耐以承受永恒。

对《恐惧与战栗》的解释在很大程度上取决于沉默者约翰内斯在摘录中所使用的“凭借荒诞”的表达，以及克尔凯郭尔是否被他对黑格尔“理性”的批判引向了一种彻底的非理性主义。对黑格尔来说，现实的就是理性的，理性的就是现实的；世界不过是神圣理性在空间 53
和时间中的展开。克尔凯郭尔对黑格尔学派的反驳是一个突出的反例：亚伯拉罕的信仰，他的伟大在于愿意做一些对人类而言毫无意义的事情。如果“荒诞 ”仅仅是指超越人类理性的“奇迹”，一个全能的上帝能够做到却超出我们理解之事，就像让撒拉在高龄时再次怀孕一样，这是一回事；但是，赞同上帝的命令去杀死一个无辜的孩子是另一回事（这就是《恐惧与战栗》的问题所在）。从更强烈的意义上说，这似乎是很荒谬的，它不只是超越了理性，而是断然背离了所有的理性。在现代读者看来，杀死一个无辜的孩子，这个信仰行为的范例，代表了沉默者约翰内斯自己所谓的对不可侵犯的道德法则的“骇人听闻的”违背，这使得行凶者从伦理角度来说是一个谋杀者。沉默者约翰内斯认为，这种杀戮有时是在其他所有预防措施都得以施行的情况下，上帝以他所有永恒的力量和神秘出于某种不可思议的理由来发出命令。只要遵行这道命令，我们就能成为信仰的英雄。这是信仰的高昂代价，只有当一个人确信时间中的生命在上帝的永恒面前没有最终的权利时，他才愿意付出这个代价。

克尔凯郭尔将当时尚处于萌芽阶段的对《圣经》的历史解释斥为迎合自由主义的黑格尔式理智主义，认为信仰的前沿地位因此被剥夺了；如果他不这样认为，他本可以缓解亚伯拉罕和以撒的故事所带来的困境。从历史批判的角度来看，这个故事发生在摩西律法颁布之前，当时献祭长子的做法并不少见。亚伯拉罕会
54 觉得没有必要保持沉默，他完全可以向同时代人解释，他们也会理解他。在其历史背景下，亚伯拉罕将是一个伦理英雄，他愿意将一个困难重重却被广泛接受的做法实施到底。在这种背景下，更不寻常的是结局，上帝保留了献祭却表示不赞成儿童献祭，而希伯来故事讲述者对此并不认可。因此，沉默者约翰内斯颠倒了整个事情：以撒的牺牲会被亚伯拉罕的同时代人理

解，甚至钦佩；上帝的干预反对才是更大的“奇迹”。但在克尔凯郭尔看来，这种解释是一种懦弱方式，用以逃避上帝对我们的要求。

一些读者得出结论说，克尔凯郭尔在这里的立场是如此站不住脚，我们应该退回到这点来：说到底，这不是他的观点，而是化名者的观点。沉默者约翰内斯已经被引上舞台，他的台词表明生存的宗教阶段也结束于它自己的绝望中，这绝望类似于在审美阶段和伦理阶段遭受的绝望。如果是这样的话，那么三个生存阶段便都以矛盾告终，整个阶梯会坍塌，整个假名创作就是一种精心设计的怀疑主义形式。然而，1845 年前后的日记和署名文章证实了克尔凯郭尔持有与沉默者约翰内斯一致的观点。克尔凯郭尔的规划是要表明像亚伯拉罕这样的信仰才是真正的信仰，而非绝望。克尔凯郭尔眼中真正的绝望是对恐怖宗教的冒犯，即拒绝上帝要求亚伯拉罕付出高昂代价的可怕事情。对克尔凯郭尔来说，在生存的宗教阶段唯一能找到的绝望，是一种伦理自律带来的有益的绝望，这种伦理自律建基于超乎上帝的、自足的、纯粹的人类秩序。在这种意义

上，克尔凯郭尔的“阶段”可以被看作一条绝望的公路，就像十字架的道路一样，意在暴露内在的或世俗的、
55 短暂的秩序的腐朽，从而获得对永恒性、不变性的绝对信任，对上帝的超越性的绝对信任，这是他最后一个宗教论述的主题（“关于上帝的不可变性”，1855）。

雅克·德里达提出了对《恐惧与战栗》更有成效的解读，他赋予克尔凯郭尔的“宗教例外”概念以后现代的意义。在《赠予死亡》一书中，德里达认为，与其为伦理中的宗教例外辩护，不如将克尔凯郭尔的观点辩护为例外本身就是伦理范畴。伦理可以被重新描述为这样的方式：没有任何伦理义务可以被简化为一种普遍规则的机械应用，就好像做出伦理选择如同运行计算机程序一样。作为一个后现代的范畴，特异性意味着每一个存在的独特性，而不仅仅是人的独特性，从而扩展其应用到动物界和自然界。克尔凯郭尔的例外范畴在后现代中已经超出了宗教范畴，或者说他的宗教范畴被赋予更广泛的范围和意义。因为正是由于它的“特异性”，每一个事物都被铭刻在审美的、伦理的和宗教的超越性领域之中，要求我们的尊重。这种超越性给予上帝所创造的

世界以荣耀，而不是将其视为一个被上帝涂黑的地方，正如克尔凯郭尔在《恐惧与战栗》（第9—11页）的开头所说的那样，母亲涂黑她的乳房，让我们永远断奶。

第五章　真理即主观性

当真理问题被客观地提出时，真理就被客观地 56
反映为与认知者相关的对象。那反映出来的不是关系，而是他与之相关的东西，是真理，是真实。只要与之相关的东西是真理、是真实，那么主体就在真理之中。当真理问题被主观地提出来时，个体的关系就被主观地反映出来。只要这种关系的方式在真理中，个体就在真理中，即使他以这种方式把自己与非真理联系起来……

现在，如果问题是计算哪里有更多的真理……无论是在客观上寻求真正的上帝和近似真理的上帝观念的人，还是实际上无限关心的是以无限的需求激情将自己与上帝相连的人——那么，任何没有完全被学术和科学搅乱的人对于这个答案都是没有疑问的。如果一个生活在基督教中间的人，带着对上帝的真实观念的认识，进入上帝的家，真正的上帝
57 的家，祈祷但却虚假地祈祷；如果一个生活在偶像崇拜的国度的人，却带着无限激情祈祷，虽然他的眼睛停留在一个偶像的形象上——那么，哪里还有更多的真理呢？一个人真实地向上帝祈祷，尽管他崇拜的是一个偶像；另一个人虚假地向真正的上帝祈祷，因而实际上是在崇拜一个偶像……

当主观性是真理的时候，真理的定义本身也必须包含对客观性的反题的表达，一种对那条岔路的纪念，这种表达同时也要表示内在性的回转。这里可以对真理下这样一个定义：一种客观的不确定性，通过最强烈的内在性坚守，就是真理，对生存的人来说就是最高的真理。在道路偏离的地方（这里无法客观表达，因为它恰好是主观的），客观的知识就被中止了。他在客观上就只有不确定性，但正是这种不确定性加剧了内在性的无限激情，而真理正是

以无限激情选择客观的不确定性的大胆冒险……

但上述真理的定义是对信仰的释义。没有冒险，就没有信仰。信仰是内在的无限激情与客观的不确定性之间的矛盾。如果我能够客观地理解上帝，我就没有信仰；但因为我做不到理解，所以我必须有信仰。如果我想让自己保持信仰，我就必须不断地坚持客观的不确定性，确保在客观的不确定性中，我在“七万英寻的水深处”，仍然拥有信仰。

——《最后的、非科学性的附言》[14]

这段文字摘自《对〈哲学片断〉所做的最后的、非 58
科学性的附言》(1845)，阐述了作为一种哲学理论的“对我而言是真的真理”(见 1835 年的“吉勒莱厄日记”)。这个“真理即主观性”的观点构成了克尔凯郭尔思想的理论核心。这一论争的要点在于基督教是一种存在的方式，是一种生活的东西，而不是哲学家们要辩论的理论。在书的结尾，克尔凯郭尔自己从幕后走出来，宣布演出结束。他承认自己是假名的作者，所以是这些书在法律和文学意义上的作者。他打算在这个国家某个偏远的地方建立一个教区，剩下的就是实实在在地成为一个基督徒了。

作为附言而言，这本书算得上一部“大书”了，对“基督教不是一种理论”的论述也是长篇大论，还配有大量的斜体字，同时还不断嘲讽德国形而上学的喋喋不休。这本书是一个诡计吗？《最后的、非科学性的附言》（以下简称《附言》）是《哲学片断》的三倍长，却是《哲学片断》的“附言”。对于一个“非科学的附言”来说，它是非常科学的，而且制作精良，犹如德国建筑，看起来很像它所展示的那种“逻辑系统”，而那种“逻辑系统”是不可能拥有的。这是在开玩笑？是对德国形而上学的精心讽刺吗？克利马库斯这个自称幽默的人，如果他成功了，他就失败了；如果他是对的，他的主观真理理论就是客观真实的了。那么，我们应该如何阅读这本书呢？

为了继续下去，我们必须先看《哲学片断》。克利马库斯在《哲学片断》中提出了一个问题——我们“永恒的幸福”（我们死后在天堂里的生活）是否有一个历
59 史起点（根植于人类历史上发生的事情）？从苏格拉底到黑格尔的哲学都是围绕着一个核心前提展开的，那就

是，真理是永恒的，正如克利马库斯所说，哲学家“身在真理中”（in the truth），所以哲学的任务就是要把真理“拧”出来，把已经植入哲学家灵魂中的永恒真理明朗化。克利马库斯的意图可以从柏拉图的回忆论中看出。柏拉图认为，灵魂产生于这个世界之前，当它生活在永恒中，与不变的“相”（forms）相伴的时候，灵魂已经拥有了前世学到的真理。当我们出生时，我们的灵魂从那个上层世界坠落到我们的身体里，肉体的化身使灵魂忘记了它所学到的东西。因而，我们在时间性的生命中获得知识就是回忆灵魂已经知道的东西，我们在以前的存在中学会的东西。对约翰内斯·克利马库斯来说，自柏拉图以来的哲学都以这样或那样的方式做出了同样的假设，即人类的心灵在某种程度上已经拥有了真理，只需要在自己的内心寻找真理。真理始终已经为灵魂所拥有，它是不变的、永恒的、内在的。

但是，让我们反转这个假设：假设哲学家并不拥有真理，而是需要被赋予真理呢？假设整个人类的秩序在内部被扭曲或受伤，而唯一能修补的方法来自外部，来自更高的力量呢？假设“门徒”（人类）“处于非真理中”，

即被剥夺了永恒的真理。假设人类的心灵需要帮助，需要一位“老师”来提供心灵所没有也不能给予自己的真
60 理呢？假设我们需要的不是像苏格拉底那样的老师，他从我们内心深处诱导出永恒——苏格拉底说他是一个通过向学生正确提问而获得真理的“助产士”——而我们需要的是一个权威的老师，他能把真理交付给我们（“你们听人说……但我告诉你们……”）吗？正如柏拉图和哲学家所说，真理是永恒的，我们永恒的命运就建立在真理之上。但是，既然我们这些生活在时间里的人并不拥有永恒，也不能通过自身努力提升到永恒，那么问题就是：永恒的真理会屈尊降临到我们身上，来到时间里吗？如果可能的话，那会是什么样子？

简言之，《哲学片断》提出了一个问题，“我们永恒的幸福能否有一个历史的起点？”这个问题随后由《哲学片断》的《附言》来处理。《哲学片断》提出的方案是用《圣经》的假设替代柏拉图的假设。《圣经》假设人的本性是堕落的，是被原罪（“非真理”）所败坏的，而不是假设灵魂拥有真理。因此，《哲学片断》首先描述的是罪，然后是其救赎，即灵魂的权威治疗者兼真理

导师耶稣基督如何来到这个世上。但在《哲学片断》中，克利马库斯不愿说出名字，而是停留在抽象的层面。在《附言》中，他说出了名字，用具体的方式告诉我们：我们永恒幸福的问题的答案就是基督教。但在基督在世和死亡之时与这一代欧洲基督教之间，已经出现了一个复杂的问题。随着时间的流逝，基督教成了“误解”的牺牲品，导致的结果就是，到了 19 世纪，在这个德国形而上学泛滥的思辨时代，基督教被误解为一种客观真理而非主观真理，被误认为是一种思辨的理论而非让我们从生存上改变生活的召唤。这种误解必须澄清，这用去了《附言》的 600 多页。

克利马库斯的“永恒幸福”表述的是死后的生活， 61
与上帝在天堂的永恒生活，是最完整、最健全的永恒。而亚伯拉罕和约伯关心的是尘世的遗产，它在其后代身上得以延续。但是，永恒幸福，基督教所承诺的这种真理，不可能是一个“客观的”真理，因为相对于在客观性的范围内所得到的，生活需要更快捷、更可用的结果。基督教是一种历史性的宗教，以耶稣基督历史性的生与死为基础，但没有人会活得足够长，能以客观的历史探究结果“探寻进入历史的耶稣”。现存的人在死亡时，需要耶稣关于人的生命意义的确保，这种确保比学术研究的结果所提供的要更好。在我们临终之际，我们既没有时间也没有趣味去翻阅期刊，寻找关于历史上的耶稣或宇宙起源的最新学术假说。如果基督教是历史的真理，那么历史的事情也永远不会从思辨的或形而上学的论证中推导出来（黑格尔），因为任何必然的、永恒的真理都不会产生单一的历史事实，就像知道三角形的永不过时的定义从不会告诉我们世界上是否有真正的三角形的事物一样。简言之，如果基督教对我来说是真理的真理，是我可以为之生、为之死的真理，那么我不会活到客观思维的结果出现的时候。基督教如果是真的话，那么，它就是一种“主观”的真理。但那又是什么呢？

在客观真理中，重点落在你所说的客观内容（克利马库斯称之为“什么”）上，所以，如果你正确地说出客观内容（2+3=5），你就处于真理之中，不管你在个人
62 主观上是恶棍还是使徒。没有什么能够阻止一位著名的数学家成为一个道德败类。生存主体是偶然的，保持着一个冷漠的旁观者角色。但是，在这个主观的或“生存

的”真理中，重点落在克利马库斯所说的“如何”（how）上，落在主体生活的方式上，落在主体的真实生活和“生存”上。在这个“主观性即真理”的地方，充满激情的主体本质性地参与其中。在这种情形下，即使“上帝是爱”在客观上是真理，如果你主观上没有因此改变，如果你个人心中没有爱，那么你就不拥有真理。一个异教徒虽然崇拜偶像，但内心充满着爱；一个学识渊博的基督教神学家，他能滔滔不绝地阐述神圣之爱的本质，但在个人生活中却是个恶棍。两相比较，异教徒会走在神学家的前面。区别在于一个对“真实的上帝”具有一种观念，一个和“上帝有一种真实的关系”。这里，关系中的“如何”才是重中之重。

克利马库斯对主观真理的定义是信仰的定义（不可见的事物的实质）略加改变的版本，他区分了两种信仰。正如柏拉图在《申辩篇》和《斐多篇》中向我们叙述的那样，苏格拉底赴死时外表冷静但内心充满激情。苏格拉底本可轻易地从狱中逃走，但他选择不触犯雅典的法律，而是在生命的最后一天跟朋友们讨论灵魂不朽的问题。他在客观上不确定是否有死后的生命，但他内心拥有绝对的确信——一个认真尝试过公正生活的人对死亡不会有任何恐惧。可以说，这是一种自然的信仰，它牢固地安置在纯粹的人类层面上。苏格拉底的信仰是第二种信仰的一种异教原型，发端于更高的地方，超越了普遍的人类，充满了极大的不确定性，以至达到了“悖论”的地步。克尔凯郭尔的
63 意思是，永恒（上帝）在道成肉身的绝对悖论中进入
了时间（成了人）中。相比之下，永生是不确定但貌似可信的；它并非一个绝对的悖论。即使是亚伯拉罕或约伯对尘世遗产的信仰，也不过是这种悖论的原型；他们是信仰的始祖，但他们的信仰与基督教信仰所接受的悖论相比，就相形见绌了。

克利马库斯并不认为神－人（God-man）的观念是一种逻辑矛盾，就像一个正方形的圆；它也不意味着“无稽之谈”（第 568 页）。这个悖论属于伦理宗教秩序（ethico-religious order），而不属于逻辑秩序；它更像是圣保罗所说的绊脚石（《圣经・新约・哥林多前书》，1: 23）或一种亵渎神明的言行，克利马库斯显然认为它甚至比献祭儿子的命令更令人震惊。这是一种心灵的“碰

撞”，这个执行着卑微而难以启齿的身体功能的人，是真正的永恒者、至高者、全能的上帝。克利马库斯为我们展示的基督教开启了《尼西亚信经》*的高度正统，“真正的上帝和真正的人”。

上帝为什么不找一个更简单、不那么自相矛盾的方式来揭示自己呢？这正是为了击退那些思辨的哲学家，为了击败或扭转那些将基督教变成另一种理论的人。正是为了防止在一个理论化时代对基督教的误解，这种误解把基督教之酒变成德国形而上学家所描画的客观真理之水。基督教是一桩要做的事，而不是一个哲学难题。它不是发生在某人确认一个信条命题之时，而是发生在某人做某事之时。它是一种被见证的方式，而不是一个需要被证明的命题。将基督教的悖论描述为“荒诞”，这不是逻辑学术语，而是一个意在驱赶哲学家的稻草人。
在原则上，道成肉身是可以被理解的，证据就是上帝无 64
疑能理解它，而克利马库斯却理解不了。我们也理解不了，而且，我们现在的任务不是去理解它，而是亲自去做、

* 基督教的古老信经之一。

去“适用”（appropriate）它，也就是把它铭刻在我们的生命中。

克利马库斯力图尽可能地强化构成矛盾或悖论、客观的不确定性的张力。他试图把客观的不确定性和主观的激情之间的张力提升到主观性和生存真理的最高度，提升到“内在性”的最高度。内在性的最高度代表了宗教信仰的高度。如果说审美生活围绕着享受而组织起来，如果说伦理生活是一种更为内在的、为道德胜利而进行的更为积极的斗争，那么，在克利马库斯看来，生存的宗教领域转向了哀痛（pathos），一种在内在性的最深处进行的痛苦。这种内在的痛苦有两种程度，构成两种信仰，他称之为“笃信 A”和“笃信 B”，这两种信仰将假名作者推向了结论的高潮。

在“笃信 A”中，生存的个体“与绝对保持着一种绝对的关系”（absolute relation to the absolute），即无条件地依附于无条件重要的事物，而在内心深处疏离每一个相对的目标（相对的或有条件的重要事物）。例如，在中世纪的隐修院制度里，男人和女人把他们的一生都奉献给了上帝，把俗世的和短暂的事物弃置一边。但隐

修院制度是笃信 A 的相对低级的阶段，因为它是信仰过
于外在的表现。更高的形式可以在信仰骑士的内在灵性
中发现。后者是一个外表上很幸福的已婚男子，他用一
种幽默感掩盖内心对有限事物的严格疏离。这种疏离是
一种痛苦练习。克利马库斯所谓的痛苦并不是“偶然的” 65
不幸，就像忍受背痛一样，一个人可能会背痛，也可能
不会背痛。他指的是“本质上”的痛苦,这是必要的痛苦,
不可避免的痛苦。甚至在没有外在困苦的情况下它也会
发生，包括断绝对仅仅是相对的、有条件的事物的爱。
克利马库斯并不认为宗教是对痛苦的解脱或安慰, 相反,
他认为痛苦锻造了宗教的灵魂, 像艺术家一样雕刻着它,
小心翼翼地削去对有限和相对事物的幻想，建构一个标
志，确保我们与绝对的、无条件的重要事物的关系到位。
一个人谦卑地承认，没有上帝，人什么都做不了，甚至
在公园里散步都做不到。一个人承认自己有罪，不是我
们“偶然”做错了 14 件事，而是“本质的”、“永恒的”
或宗教的有罪，这意味着一个人的存在本身的限度。在
上帝面前，无论我们做了多少正义的事，我们总是有错
失的。所有这些都是可怕的，但还没有愚蠢到会以为德

国形而上学可以取代这一切。这种形而上学将“基督教”降格为一种神秘观念，一种图画或形象，认为基督教的真正真理只能在黑格尔绝对精神的哲学中找到。

“笃信 A”是一种普遍性的人类宗教，而不是一种特殊性的基督教宗教。随着“笃信 B”,即基督教的出现，我们的外在环境与内在性之间的张力被神–人（即时间中的永恒者）的绝对悖论提升到了无限的高度。基督教核心的悖论所引入的“辩证”复杂性凸显了矛盾和张力，引发了生存论的飞跃。在笃信 A 中，人们维持着与绝对事物、与上帝的绝对关系，而在笃信 B（基督教）中，
66 人们面对的是肉身上帝，上帝进入时间，因而加重了悖论。在 B 中，我们把整个永恒幸福建立在一个遥远的事件上，客观地说，这个事件几乎消失在历史时间的迷雾中，它使哀痛或痛苦更加尖锐或突显。基督教的信仰建立在过去的一个事件即耶稣的生与死之上，而这个事件并没有客观的确定性。“罪”的内在结构（A）在这里让位于更深层的“罪的意识”（B），而罪的意识的消除需要神–人的出现；“痛苦”的内在结构（A）让位于更深层的“违逆”，知性因此受到攻击（B）。宗教 B 是

由“超越性”的结构即基督教的启示编织而成的。

这部假名作品以这个注释结尾，引人注目地描绘了基督教作为哲学家们的绊脚石，它需要信仰的飞跃以反击黑格尔哲学的理性主义狂妄。与马克思和同时代的“青年黑格尔派哲学家”一道，克尔凯郭尔在 1841 年至 1845 年期间创作的作品掀起了一场持续至今的哲学革命，这场革命抛开了思辨形而上学的抽象概念，转而对具体生活进行描述，旨在捕捉生存境遇中的实际生活。尽管如此，正如他在《附言》结尾处以自己的名字所说的那样，这些假名作者在书中与其说提出了令人震惊的新的提议，不如说是试图返回到一些旧的事物，“以一种更为内在的方式”解读人类生存的“原始文本”（original text），即“从父辈那里传承下来的熟悉的旧文本”。（第 629—630 页）

第六章　假 名

我的假名或多义性并不是出于我本人身上的偶 67
然的基础……而是出于作品本身的本质性的基础，为了台词和个性的心理上的差异，诗意地要求在善与恶、伤心与快乐、绝望与自负、痛苦与欣喜等方面有一种不加区别的态度，这种态度在理想上只受心理一致性的限制，任何一个事实上的真实的人都不敢也不可能想在现实的道德限制中允许自己这样做。那么，所写的东西是我的，但仅仅是我通过有声的行文，把创造的、诗意的真实个体的生命观放进他的口中，因为我的关系甚至比诗人的关系还要遥远，诗人把人物诗化，但在序言中自己却是作者。

也就是说，我是以第三人称的方式直接或间接地做
一个提词人，以诗意的方式创作了这些作者，他们
的序言就是他们的产品，他们的名字也是他们的产
品。因此，在假名的作品中，没有一个字是我写的。
除了作为第三方，我对它们没有任何意见，除了作
68 为读者，我对它们的意义没有任何了解，我与他们
没有丝毫的亲密的私人关系，因为不可能存在双重
反映的交流……因此，我是无所谓的，也就是说，
我是什么以及我如何是，都是无所谓的问题，因为
反过来说，在我的内心深处，我是什么以及我如何
是，也是无所谓的问题，与这种生产完全无关……
我的摹本、我的照片等等，就像我戴有檐帽还是戴
无檐帽的问题一样，只能成为那些人关注的对象，
对他们来说，无所谓的东西变得重要，也许是为了
补偿，因为重要的东西对他们来说已经变成了无所
谓的东西。

在法律意义上和文学意义上，责任在我，但是，很容易辩证地理解，是我在现实世界里引起了可听闻的产品，这当然不能与诗意的实际作者产生关系，

> 完全一致地和以绝对的法律和文学权利对待我……因此，如果有人真想引用这些书中的某些段落，我希望、我祈祷他行行好，引用各自的假名作者的名字，而不是我的名字……
>
> 我同时是兼做秘书的角色，颇具反讽意味的是，我是这个作者或很多作者的辩证重叠的作者……但另一方面，我又是完全字面的和直接的作者，比如我是布道词和其中每一个字的作者……如果有人……实际上已经……被我的个人现实所累而愚弄了自己，而不是与一个诗意的实际作者光亮的、双重反射的理想共舞……这就不能真正归咎于我……
>
> ——《最后的、非科学性的附言》，第625—627页[15]

1846年2月，克尔凯郭尔以自己的本名在《附言》 69
中添加了几页文字，上面的摘录选自其中，这成为文献中无休止的争论的源头。[16]克尔凯郭尔承认自己只在法律和文学意义上是这些假名作品的作者，就像一个剧作家，他的观点不应该与他笔下人物的世界观相一致。事实上，作为那些作者的作者，他说自己更像是舞台下面的提词员，帮助人物记住台词。他告诉我们，他使用“假名或多名”并不是他的个性怪癖，而是出于“作品本身的本质依据”（第 625 页）。这对于说出他不得不说的那种事情是不可缺少的。至关重要的是，他自由地与这些作者保持距离，每一个作者都有自己的心理和个性，至少与他们中的一些人，比如非道德的诱惑者约翰内斯，保持距离，每一个“真实存在的人”都应该想保持一种安全距离。但是，他不仅仅与诱惑者保持距离，因为这些书中“找不到一个字”是他的。如果他的读者引用这些书，他请求他们参用假名，而不是他的本名。

考虑到克尔凯郭尔在这里以他的本名表达观点时所具有的毫不含糊的力量和清晰，人们会认为他的话会被接受。但事实远非如此。克尔凯郭尔的声誉基于那些最著名的读者，如海德格尔，他们根本无视他的意愿。海德格尔最接近履行克尔凯郭尔的要求是根本不引用克尔凯郭尔。他的《存在与时间》（1927）可以说是 20 世纪欧洲大陆哲学最重要的一部著作，它建立在无耻地“掠夺”（罗杰·普尔）或挪用克尔凯郭尔假名的主要见解

上，极少的几个简短脚注，在很大程度上把克尔凯郭尔 70
当作一个小角色打发了。海德格尔接过克尔凯郭尔假名作品的基本倾向，用更抽象的术语将其形式化，然后宣布它们“建基于”他自己的本体论。虽然《存在与时间》还关注其他本体论和现象学的主题，但主要是其“生存论的”主题使它随即获得了轰动性的成功，并把海德格尔推进了国际名人的行列。第二次世界大战后，《存在与时间》成为法国生存主义者的“圣经”，他们通过海德格尔回到克尔凯郭尔。绝对悖论使哲学沉思停滞不前，阿尔贝·加缪将其转录为“荒诞人”的形象，即《西西弗斯神话》中的人物。他否认生命有某种终极意义，被赋予了肯定生命消逝时刻的力量。加缪将克尔凯郭尔的“信仰”运动视为勇气的失败而予以摒弃。萨特也在克尔凯郭尔的思想遗产周年纪念活动上发表了一篇有趣的文章，论述了“单一个体”的概念。[17]

“生存”这一突破性范畴以假名克利马库斯的名义进行，他抗议说，他不是“一个创造新潮流的哲学魔鬼”（第 621 页），对海德格尔、加缪或萨特来说，这一点丝毫不重要。如果有人就假名作者向他们提问，他们很可能会回答说，这只是一种文学幻想。毕竟，如果一个数学问题的解法是在梦中出现的，那也不失为一种解法。就连尼古拉斯·哥白尼这个虔诚的修士，也没有接受“哥白尼理论”为真理——对于真理，“兄弟尼古拉斯”以《圣经》为依据——而把它当作对航海者有用的速记工具。
71 这也丝毫不影响其真理的力量。假如莫扎特在创作了《唐璜》之后又“撤销”了它，宣称这是一个音乐笑话，我们仍然会有《唐璜》。在杰作的问题上，你无法解除铃响。同样，无论是谁署名为作者，假名作者对生存范畴的描述都是“不言自明”的。

克尔凯郭尔的假名对卡尔·巴特这样的神学家来说也不重要。对他们来说，重要的是基督教的信仰，而哲学家们在这些书中大规模地、巧妙地中和了基督教信仰。毕竟，人们很难忘记克尔凯郭尔是一个自诩为宗教作家的人。对他来说，“生存”的最高境界或“生存的激情”在于“信仰的激情”，或者说“信仰的飞跃”，在《附言》和《恐惧与战栗》中被描述得如此令人难忘。神–人所构成的“绝对悖论”是克尔凯郭尔灵魂中的阿基米德点。证据很清楚。在假名时期（1841—1845），左手写的每一部作品都对应着右手的一部作品，一部由克尔凯郭尔本人署名的“教化性”(edifying)或(在笨拙的埃德纳·洪译本中)“建造性的”(upbuilding) 著述，它以“直接”交流的方式将其假名成员的伦理宗教观点明朗化。可以把克尔凯郭尔清晰地插入到一条神学路线中，这条路线从保罗书信延伸到奥古斯丁，并以他为中介延伸到路德，一方面突出了堕落、内疚、罪恶、恩典和信仰的神学主题，另一方面突出了上帝在永恒中彻底的超越。克尔凯郭尔即使不完全是一个神学家，至少也是一个强烈的宗教作者，随着时间推移，他内心的自我解释越来越强烈。在《我作为一个作者的作品观》中，他甚至试图让人觉得这是他一开始就有的想法。哲学家们不一定会不同意
神学家们的看法，但他们认为这种神学倾向是克尔凯郭 72
尔思想中的一种局限，他们已经将其从这种局限性中解放出来了。

克尔凯郭尔的读者面临着一个“或此或彼”的问题：他要么是神学家克尔凯郭尔，要么是哲学家克尔凯郭尔。无论是哪种，克尔凯郭尔似乎都会惋惜。因为无论哪种样式，都是无视克尔凯郭尔的要求，不把他放在眼里。

20 世纪 70 年代，在雅克·德里达发展的被称为“解构”的激进文学理论的影响下，这种争论发生了戏剧性的变化。然后，几乎是第一次，一批读者开始听从克尔凯郭尔的坚持，他自己不过是这些书出现的“契机”，只负责它们“在现实世界中的生产”，而在它们中间“没有一个出于我的文字”（第 626—627 页）。

这个立场被罗杰·普尔尽可能地推到了极致，他是一位德里达式的批评家。他批评了他所谓的“钝化阅读”（blunt reading），意指对克尔凯郭尔的假名文本的文本性和文学性充耳不闻，只把它们当作很多哲学或神学的简单手册。“我们必须开始学习如何阅读克尔凯郭尔。”普尔写道。[18] 如何阅读既不是哲学家也不是神学家的克尔凯郭尔，而是作为一个作家的克尔凯郭尔。我们读通后会了解，这些假名与克尔凯郭尔不一样，他们彼此也不一样，他们没有提出任何明确和容易概括的观点。普尔在这本书中提出了“一个中心思想”：我们“是时候”接受克尔凯郭尔的话了，“假名作者所说的一切都不应被视为他自己的观点。”[19] 在我看来，普尔太偏激了。正如乔尔·拉斯穆森最近指出的那样，克尔凯郭

尔说过，自己“除了作为一名读者”，对这些假名的言 73
论不持任何立场，但没有什么能阻止读者赞同他所读到的东西。如果公正地阅读以他自己的名字署名的全部日记和著作，就会发现克尔凯郭尔持有这些假名所表达的许多观点，其中一些观点可以在他的《日记》中逐字逐句地找到。[20]

不过，普尔也不是没道理。因为钝化的读者正在钝化一些东西。他们在钝化作者的诗意理想和读者的实际生存之间的区别。作者向读者、向生存的人——向从克尔凯郭尔到我们每一个人——提出了现实化的任务，提出了实现飞跃的任务，提出了将他们之间纯粹的“诗性”理想转化为现实的任务。钝化的阅读钝化了克尔凯郭尔对待这种差距的苏格拉底式基督教的反讽和宗教幽默，他在这里把这种差距描述为“与光共舞”的“有距离的理想”，“一个诗意的实际作者的双重反映的理想”。这是一场由假名作者而非克尔凯郭尔创作的诗意戏剧。克尔凯郭尔给读者展示了一种可能性之舞，不同的角色拥有不同的世界观，他想将读者拉进这场戏剧中。但读者的任务是自己选择、决定、生存，用何种方式实现理想，将理想转化为生存的激流，实现飞跃。普尔直率地指出，这也适用于作为一个读者的克尔凯郭尔本人，作为一个要求自己承担起成为一个基督徒的任务的人，就像一个必须遵循自己建议的医生，或者一本节食书的作者！

试将“作者”和“读者”的区别看成是两种不同“位置”的区别，一种是理想的发送位置，一种是现实
74 的接受位置。这样来看，即使是索伦·奥比·克尔凯郭
尔，作为一个对自己的生命负责的真实的人，也站在一个读者的位置上。克尔凯郭尔也是这些关于成为基督徒的话语的“接受者”，不是一个作者或权威，离一个真正的基督徒很遥远。所以他才说这些书是自我教育的一部分，很多作者都会欣赏这一点的。（医生——医自己。作者——读自己。）“作者”是一个驻守理想的人，他的实际生活并不重要。我们可能不确定作者的真实名字，“荷马”是一个人还是很多人，是笔名还是假名，等等。使用假名只是强化了那些真正属于任何“作者”的结构性因素，它们更显而易见了。真正的作者可以被认为是一个经验的、心理的、历史的人物，是口口相传的故事传统的改编者，是书籍真正的或有效的原因，是版税支

票的邮寄对象。或者可以这样看待一个“作者”：一个从中发出理想的可能性的位置，而“我们”占据着“读者的位置”，一个永远居于“生存”的位置。

克尔凯郭尔试图调和这两种位置之间的鸿沟，并将注意力集中在实际成为基督徒的真正困难上。他让克利马库斯把这个时代“介绍”给基督教，而不是像手册那样只提供一个简单的总结，他把读者引向任务本身，让任务看上去不是很容易，强调任务真实的困难（第 381 页）。像苏格拉底一样声称只知道自己无知，克尔凯郭尔唯一超过这一时代的优势，如果有的话，是至少认识到他没有到达基督教的境地，这是最困难的事情，而这一时代正自欺地认为它已超越了基督教。

当然，从某些方面来看，他的假名是一种比较拙劣 75
的策略，通过挑起一场本来不会发生的争论，他吸引了更多的人对他个人的注意。他用尽了他所掌握的所有“规避的辩证”技巧，把他“个人的现实性”、“私人的特殊性”排除在画面之外。但是，“一部分好奇的读书人”却执意要把它拉回来（第 628 页）。此外，他的每一本书都具有深刻的自传性，他自己的生活几乎遍布每一页，因此他本人也渴望成为我们转向光明的第一个地方。但是，开初通过自传性的参照得出结论的阅读不应是决定性的，不应当阻断通往更广泛的关键点的道路，单一个体必须各自找到自己的道路。

《跟读者一道的理解》是以约翰内斯·克利马库斯的名义添加的附录，出现在克尔凯郭尔的“解释”之前，克利马库斯在其中说到他渴望有“一位思考实存和生存的歧义艺术的老师”。他所说的歧义是指老师在将个体从“思考”转向“生存”时面临的困难。这要求老师要冒着成为“干预他人个人自由”的风险（第 620 页）。克尔凯郭尔认识到写一本关于基督教的书的歧义性，他说基督教不是在一本书中找到的，完全是在个人和上帝之间找到的。如果读者相信作者的话，如果读者冲到大街上大叫他已找到回答基督教问题的书，那么，他就误解了这本书。因为书中说，一切都是在个人与上帝的关
76 系中找到的。作者的目的不是这样干涉读者的生活，或成为个人的权威。唯一的权威是上帝。天主教徒写一本书，然后从主教那里获得许可，而克利马库斯写一本书，然后加上一个撤销。他希望读者可以明白，“写一本书

又撤销它，并不等于避免写作，写一本不要求对每个人都重要的书,也不等于让它不被写出来”(第621页)。“因此，谁也不要去求助于它，因为求助于它的人，就等于已经误解了它。对一个幽默家来说，成为权威是太沉重的存在。”作者生存在理想的轻盈之中，而不能被存在的沉重所压倒。

克尔凯郭尔一生的目标是找到对他来说是真的真理。但作为一个已经出版了自己作品的作家，他也为他的读者做了不少了。这一规划的成功将包括鞭策或鼓动他的读者以某种方式找到对他们来说是真的真理。他想找到那个隐秘的内室，在那里，单一个体在上帝面前是绝对孤独的，因为当一个人与上帝独处时，他是在最强烈和最内在的意义上孤独的，而不是在数学意义上的简单孤独，即独处或独居。上帝现身在那里，不是为了扰乱孤独，而是为了构成真正的、本真的孤独。抛开所有来自世界的干扰和分心，我们关上大门，面对自己。这就是为什么克尔凯郭尔在其他地方建议独自大声朗读他的书。[21] 克尔凯郭尔的原始场景是古代的奥古斯丁式的“在上帝面前”（coram deo）的样式：如此多的上帝 / 如

此多的自我。他自己作为一个宗教作家是出场的第三个人，在这个原始场景中多出了一个人，所以他必须让自
77 己尽可能地成为一个轻飘飘的存在。他用假名写作，就是想让自己隐身。相应地，读者则有一个平行的任务，那就是如何阅读这样一本书，因为读者不仅仅是在阅读一本书，而是在上帝面前，与自己面对面。这就像星期日早上的布道：人们听到牧师的每一个词语，仿佛都来自上帝，且完全针对自己。在这个原始的场景中，克尔凯郭尔本人只是作为一个契机，协助一个前一分钟在这里，后一分钟就离开的幽默家、反讽家。一个敢于书写关于成为基督徒的内容的人，不可能像其他作家一样，是权威、是重量级的“客观的”作者，如同一个世界历史学家一样。他必须像一个轻飘飘的幽灵。客观真理原则上承认直接交流：逻辑学家把证明放在黑板上。但主观真理需要间接交流，甚至是引诱，或是在我们身边出没的鬼魂，轻声低语，引出或唤醒读者自由的运动，这更像朋友或辅导员或讲道者的艺术。然而，我们不应忽视的是，任何交流如果要成为一种有效的交流，就不可能忽视间接交流的动力，这也是为什么好的逻辑老师和

无聊的逻辑老师之间也有“质的区别”。因此，即使是本人的署名作品，也需要一定的灵活性和间接性。

这种微妙的交流艺术可见于雅克·德里达所说的“礼物的悖论”：知道如何以一种不让接受者产生依赖感的方式赠送礼物。其任务是帮助读者找到自己的独立和自由而不需要依赖作者。如果读者在作者的帮助下自立，那么他们就不是自立的。所以作者的帮助必须是不可见的，读者不能知道作者做了什么。那么，读者的任务就是： 78
“靠自己站起来——通过别人的帮助”。[22]克尔凯郭尔说，在这个小小的“破折号”中，“无限的思想以一种最巧妙的方式包含其中，最大的矛盾也被克服”。我们看到的是一个“单一个体”站立着，更多的我们看不到。帮助隐藏在这个破折号的后面。克尔凯郭尔在这里肯定了古代“高贵的小人物”苏格拉底，他知道“一个人能为另一个人做的最高事情就是教育他获得自由，帮助他自己站立着”，这意味着帮助他的人必须使自己成为一个匿名、隐形、什么都不是的人（第 276 页）。就像生孩子的是母亲而不是助产士一样，在基督教中，灵魂是在个人与上帝的往来中重生的，不是依靠宗教作者所做的

任何事。作者给予的帮助“无限地消失在与上帝的关系中了”。（第 278 页）

在一篇生前未发表的《我作为一个作者的作品观》（1848）中，克尔凯郭尔对苏格拉底的类比做了阐述。正如苏格拉底的智慧是知道自己是无知的，克尔凯郭尔的优势是知道真正的基督教生活是无比艰难的，是一件稀有而昂贵的物品，而他同时代的人则认为在基督教的国度里，每个人都是基督徒，基督教可以廉价得到。他们都受过洗礼，他们都有教名，他们遵守基督教的节日，他们颂唱基督教的赞美诗，他们肯定不是印度教徒或穆斯林。所以克尔凯郭尔首先要说服这些基督徒他们不是基督徒，同时又不能把他自己定位为基督徒来让他们跟随。（如果丹麦是一个从未听说过基督教的传教之地，对他来说肯定会容易得多。）他的作者身份问题鞭策人
79 们认识自己不是自己所想的样子，他们必须成为自己认为自己已经所是的样子，而且，完全得靠他们自己去做，而不是因为他鞭策他们这样做。克尔凯郭尔的观念是成为上帝的苏格拉底，一个基督教助产士助成基督徒的重生，悄悄地从个人和上帝恩典间的秘密场景中溜走。

在《附言》这部令人印象深刻的哲学著作中，克尔凯郭尔反讽地进入到哲学家们自己的领域内。他嘲笑伟大的黑格尔哲学体系，但始终以自己的术语衷论，比德国哲学家们更德国。他对他们说：如果你把基督教的问题变成一个客观的哲学问题，你最终将不得不发明新的范畴，比如生存和单一个体，就像克利马库斯所做的那样。克利马库斯这样做是一个迹象，说明基督教在本质上不是一个哲学问题。因此，不要再认为基督教是一个思辨的谜题，就像它是一个芝诺悖论一样，成为一个基督徒吧。

克尔凯郭尔以这样一种探究的、巧妙的和迷人的方式做了所有这些，第一次为现代世界树立起良好的范例（尼采是第二个）——关于何为反哲学的哲学（anti-philosophical philosophy），或者今天我们称之为“后现代”哲学。如果“现代的”意味着一种过于理性的或如克尔凯郭尔所说的“客观的”思维方式（尼采称之为“重力精神”）。他没有将哲学一劳永逸地抛在脑后，而是实施了一种范式的转换，使哲学发生了革命性的变化。他对传统哲学的攻击产生了一种新的哲学，即受攻击的哲

学（philosophy-under-attack）。在克尔凯郭尔的例子中，
80 他将哲学从思辨中解放出来，并比以往更深入地将其织入人类具体经验的扭曲结构中。他启动了当代哲学的核心课题之一，让哲学家们的注意力重新回到生活的具体性上，在被反思的镜头扭曲之前，人们首先实际生活着。克尔凯郭尔发明了一种新的哲学话语，他自己用反讽的距离和明确的幽默对待这种话语，把他最好的句子喂给幽默家。但是，从“生存主义”到“解构主义”，20世纪欧洲大陆思想中出现的任何一场重大哲学运动都没有摆脱他的影响。

第七章　现今时代

长期以来，我们现时代的基本趋势是通过无数 81
的动荡而趋于平均；然而，没有一个是平均化的，因为没有一个是足够抽象的，反而是一个现实性的具体……要想真正实现平均化，首先必须树起一个幻影，即平均化的精神，一个畸形的抽象，一个包罗万象的虚无之物，一个海市蜃楼，这个幻影就是公众。只有在一个没有激情但有反思的时代，这个幻影才能借助报刊发展起来，这时报刊本身就成了一个幻影。在精神饱满、激情四射、动荡不安的时代，没有所谓的公众……（然后）就有了政党，有了具体化。公众是一个在古代根本不可能出现的概念……唯当没有强大的公共生活给具体化提供实质内容，新闻界才会创造出这种抽象的“公众”，它由没有实质的个体组成，这些个体从来没有或永远不可能在任何同时存在的情况或组织中——却又声称这是一个整体——联合起来。公众是一个联合体，其数目超过所有人的总和，但这个联合体永远不接
82 受检查；事实上，它甚至连一个代表都没有，因为它本身就是一个抽象概念……与实际的人同处一个时代，它们每一个都是某一个人，在当下的现实和实际的情境中，给单一个体以支持。但是，公众的生存并不能创造出任何情境和社区。毕竟，是单一个体在阅读并不是公众在阅读，然后逐渐有很多个体阅读，也许所有的个体都阅读，但并不同时存在。公众可能需要一年零一天的时间才能聚集起来，当它聚集起来的时候，它仍然不存在……采纳与公众相同的意见，是一种欺骗性的安慰，因为公众只存在于抽象之中……一代人、一个国家、一个大会、一个社区、一个人仍然有责任成为某种东西，可以为善变和不忠而知耻，但一个公众仍然是公众……

公众不是一个人，不是一代人，不是一个人的年龄，
不是一个群体，不是一个协会，也不是一些特定的
个人，因为所有这些都只是通过具体化而存在的。
是的，它们中没有一个在本质上以任何方式参与进
来……公众是由这样的人组成的，他们是无关紧要
时刻的个体，公众是一种巨大的东西，一个抽象的
包含万有与虚无的虚空和真空……公众是万有，也
是虚无，是所有权力中最危险的，也是最无意义
的……“公共”范畴是反思的海市蜃楼，使个体茫
然地自以为是，因为每个人都可以自诩为这个庞然
大物，与之相比，具体化的现实似乎微不足道……
加上这个时代的无激情和反思性，“新闻界”的抽
象……产生了“公众”这个抽象幻影，这个真正的
平均仪……读过古代作品的人都知道一个皇帝能想
出多少花样来欺骗这个时代。同样，公众养狗也是 83
为了消遣。狗是文坛可鄙的一部分。如果有优秀的
人出现……狗就会被怂恿去攻击他，然后娱乐就开
始了……而公众是不思悔改的，因为毕竟那不是公
众，是狗……如果打官司，公众会说：这只狗不是

我的，这只狗没有主人。

——《两个时代》，第 90—95 页[23]

克尔凯郭尔生活在大众传媒时代的初期，在他的时代，大众传媒就是指报刊。1843 年在哥本哈根开幕的“蒂沃利”（Tivoli），是第一批出现的现代游乐园，有点像第一个迪士尼乐园，也没有逃过他的注意。[24] 就像后来的尼采和海德格尔一样，克尔凯郭尔也担心媒体和旨在解放大众的现代平等制度的影响，他将其称之为“平均化”（levelling）。他担心，生存的个体将迷失在匿名的云雾里，并通过大量（“人群”）逃避每个人独自面对自己生活时的个人决定（或此或彼）。被海德格尔称为“常人”的公众是一个监视系统，它监视着一切特殊的事物，监视着一切特异的事物，然后将其剔除。克尔凯郭尔、尼采和海德格尔都是政治上保守，甚至极端保守的思想家，他们提醒我们注意民主制度的弊端和危险。托马斯·杰斐逊认为民主的人民不可能既自由又愚蠢，他由此总结道：我们最好为人民提供公共教育。这些思想家和柏拉图得出一样的结论：我们应该忘记民主，把

政府留给受过教育的少数人。然而，值得称道的是，在 84
他生命的最后阶段，克尔凯郭尔开始看到《圣经·新约》中的平等主义结果，可以说他注意到了“单一个体”或“可怜的生存精神”真正的意义所在。[25]

克尔凯郭尔以几乎完美的先见之明预见了真实的（“具体的”）制度的腐败，抽象的公众幻影的无形独裁决定着这些制度的政策。虽然他还不熟悉那些以民意调查为依据来做决定的政客，但他对写作腐败确实有充分的了解。当下的新闻界和出版业放弃追求有思想的新闻和严肃的文学，而只想满足公众对八卦、丑闻、性和暴力的胃口。克尔凯郭尔的这些文字可以一字不漏地出现在明天的《纽约时报》的评论专栏里。

本章开头的文字选自一篇长篇书评。1846 年初，在《附言》刚刚交付给出版商之后，克尔凯郭尔就与《海盗船》展开了一场斗争。《海盗船》是一份非常受欢迎的政治和文化评论周刊，以尖刻的讽刺著称。作为对克尔凯郭尔的“回报”，《海盗船》对他进行了长达两个月的无情嘲讽，还刊登了嘲笑他外貌的漫画。克尔凯郭尔说服自己，如果他因这样的攻击而退缩，不得已去当了牧

师，那他就会被认为是在懦弱地承认失败。他决心继续
他的作家生活，但只写书评，并以这种方式遵守以《附言》
结束自己作者身份的决定。但第一篇这样的评论，很快
就变成了一本书（此后，这个决定被放弃了），书的高潮
是对这个时代的平均化趋向的攻击，报刊作为一个恶棍
85 被特异地挑了出来作为攻击的对象。于是，主要以他自
己的名字署名的作品出现了，第二种作者身份被推出。

这篇署名评论针对的是托马辛·居伦堡夫人的小说《两个时代》（*Two Ages*），它将一个革命时代与当今的静态时代（1848 年席卷欧洲的政治革命前夕）进行了对比。一个革命的时代——法国大革命；拿破仑在马背上横扫欧洲；马丁·路德把他的 95 篇论文钉在维滕贝格的门上——充满着热情、激情、勇敢、果断和英雄主义，而现今时代则被过多的反思和思虑所削弱。这表现为这时代的三个显著特征。现今时代没有从根本上改变事物，而是通过克尔凯郭尔所说的“模棱两可”的手腕让事物屹立不倒，看上去像是采取了行动，而实际上并没有。反思的时代不但不欣赏真正的英雄，反而用嫉妒和怨恨囚禁英雄，宣称任何胆敢当英雄的人都是轻率鲁莽的。

最后，现今时代竭力平抑或压制特殊个体，扼杀果断的行动和真正的剧变。如果说古代世界产生了领袖，那么现今时代则迎来了公众，这意味着一种幻觉，即一个人不是个体性的、决定性的，而是可以被大量的数字所弥补的，由众多的无名氏叠加一起，这就像在数字前面加零而不是后面加零一样。大众是一种算术上的错误，仿佛力量可以通过弱者相加来实现，或者美可以通过丑相加来实现，或者深思熟虑的判断可以通过胡说八道、废话连篇的嘴巴相乘来实现（第 106 页）。

公众，也就是本章开头节选的主体，它作为平均化的工具，决定性的特征在于它是一个“抽象物”，而不是一个具体的个体、个体的集合或一个真实的机构。在
一个革命时代，不仅有伟大的领袖，也有被这些伟大的 86
个体所激发的具体共同体，他们形成一个有机统一体，能够采取集体行动，并为自己的选择承担责任。但公众其实谁也不是，是无人，远离责任。“公众”是现代生活的一个独特特征，产生于我们所掌握的非个人化的交流技术手段。这种意见具有影响力，却没有人特别持有，因此公众在真正意义上是“无人”，即使是一个观点完

全由公众意见塑造的人，也是没有任何自我或个性的。公众行使的是一种暴政，克尔凯郭尔把它比作一个颓废的罗马皇帝，他以饲养狗攻击奴隶为乐。皇帝是公众，狗就是媒体。当狗攻击时，我们都很开心，而当狗被说成是过分残忍的时候，我们说那不是我们的狗，如果狗因为过分残忍而被放倒，我们都会（公开地）说我们同意——“甚至包括订阅者”，克尔凯郭尔补充道。

公众的平均化规则以各种方式“废除了矛盾的原则”。公众的语言是“闲谈”，它取消了有话要说和说出之间的区别。当说话是被要求要说，或者知道如何保持沉默，这是内在的标志。闲谈的人不会保持沉默，但他们也不会成功地说出什么，尽管他们说了很多话。真正的沉默本身就具有很强的交流性，当沉默被打破时，惜字如金的意义更为重要。但对于闲谈的人来说，话越多，
87 实际说的就越少；越是“延伸”（越是喋喋不休），密度越低（真实的言语）。公众也废除了形式和内容之间的区别，因此，人们不是从自己满腔热情从事的事业中生出原则，而只是“基于原则”无热情地做自己并不相信的事情。克尔凯郭尔在这里批评了自由主义的一个基本

信条——程序重于实质，认为一个人有权利说或做“自己”不赞成的事情。公众也废除了隐藏和揭示之间的区别，没有留出时间让内心成熟到去真正地表达。最后，公众废除了主观真理和客观真理之间的区别，因此，人们就可以从最近的报纸上获取某种观点，对任何事情大胆地发表看法。公众听到的不是发自内心的话语，他们听到的是“人们说”，即克尔凯郭尔所描述的一种“抽象的噪音”，就像机器的咔嗒声。人们的信息更加灵通了——从黑格尔的形而上学到做爱都有手册。这并不奇怪，但在这种广泛性中缺少主观真理的强烈激情，即怯于采取行动。当一个人真正采取行动时，迎面而来的是暴风骤雨般的批评，夹杂着羡慕和怨恨，不过，首先要指出的是，他自己一直都知道要做什么，所不同的只是自己没有去做而已！

尼采对 19 世纪欧洲资产阶级也做出了同样的诊断，但他把问题归咎于基督教，基督教的“奴隶道德”给贵族带来了坏的良心。如果尼采不说“基督教”，而说“基督教世界”这个社会学的范畴而非宗教的范畴时，克尔凯郭尔一定会赞成的。对尼采来说，19 世纪平均化倾向 88

的解药是艺术，尤其是古希腊的悲剧艺术。但对克尔凯郭尔来说，它是在宗教激情中找到的，是单一个体在信仰上的激情飞跃。

对尼采和克尔凯郭尔两个人来说，唯一真正能解救资产阶级肤浅化生活的方法，就是能量密集充满激情的特异性。但尼采认为这种独特的特异性仿佛是宇宙的运气，是各种宇宙力量的偶然而脆弱的结果。对克尔凯郭尔来说，这是一个纯粹异教的和审美的公式（正是尼采的本意）；对他来说，特异性是一个内在性的事件，是独自站立在上帝面前的事件。尼采和克尔凯郭尔之间的差异，就是异教激情和基督教激情的差异，宇宙骰子的幸运一掷和神圣恩典的差异，非个人的力量和个人的力量的差异，一言以蔽之，就是赫拉克利特和路德的差异。这种对立造成了今日所谓的“后现代主义”的两条路线，一条大致从克尔凯郭尔引向列维纳斯和德里达，另一条从尼采引向福柯和德勒兹。我之所以说“大致”，是因为任何版本的后现代主义都会批判克尔凯郭尔主观性的彻底“内在性”，后现代批评家们拒斥这种内在性，将其视为现代性的一种致命缺陷。后现代作家们批评这种内在意识概念，认为它独立于预先塑造它的社会、语言甚至无意识力量。

克尔凯郭尔最后对“间接”交流的解释很有助益，其中明确指出，每一种宗教交流或多或少都是间接的，而且这并不限于假名。这与设计一种非侵入性的话语干
预策略有关，无论话语是否以自己的名义签署。假名只 89
是使用间接性的一种方式。现在，在大多数情况下，克尔凯郭尔用自己的名字写作，依靠他的右手，试图确立自己作为一个宗教作家的身份——介于 C. S. 刘易斯和海德格尔之间——以免人们把他主要作为《诱惑者日记》的作者来记住。现在是时候以他自己的名义发动一场在“吉勒莱厄日记”中提到的“战斗”了。克尔凯郭尔（在一篇 100 多页的书评之后）总结说，已经够了，不然他的话语会给这个时代增添笑谈。每个个体都必须独自面对上帝，找到自我救赎的办法。

克尔凯郭尔在《现今时代》中所进行的分析，为我们提供了一种对技术时代文化生活的模棱两可的最早和最精辟的观察。写作的机械复制使越来越多的人手中有了印刷的书籍，并最终导致了日报的诞生，在这里，自

由的媒体应该使公众获得信息。同样，绘画、音乐和“电影”的机械复制也将艺术置于更广泛的公众的支配之下。当机械复制被数字化的文字和图像的电子复制所取代时，复制的力量就会呈指数级增长，从而印证了海德格尔的观点：在技术时代，世界本身正越来越多地被世界“图像”所取代。

克尔凯郭尔不可能预见到这一切的到来，但他对正在形成中的危险极为敏感，甚至对技术可能带来的任何好处都不予考虑。在《附言》中，克利马库斯嘲讽蒂沃利的开放是对分心和消遣的赤裸裸的邀请，其成功是以“作为生存内在性的真理”（truth as inwardness in existence）为代价，其魅力是提供娱乐以换取“生活中
90 更多廉洁的快乐”（《附言》，第 286 页）。他不喜欢新技术带来的民主可能性，不喜欢把文化生活从贵族精英手中转交到人民手中。对他来说，“人民”就是指“公众”，他对公众嗤之以鼻。他有理由担心作家和民主国家的政客会迎合“人民”最坏的一面，他把人民的胃口比作一个疯狂的罗马皇帝。他感到不安的是大众传媒有能力嘲笑和废除与众不同的东西，并以一种由主流风气为我们

锤炼和塑造的生活取代一种特立独行的和充满激情的个体生活。

这是现代资产阶级生活的精髓，它努力使一切都变得安全和轻松，克尔凯郭尔关注的正是这一点。约翰内斯·克利马库斯对他自己如何成为作家的古怪解释就抓住了这一点（《附言》，第 186—187 页）。在 19 世纪的欧洲，每个人都在让事情变得更轻松，克利马库斯沉思着。无论我们往哪里看，都是铁路、公共巴士、汽船、电报、报纸，甚至还有解释如何阅读黑格尔的手册。但是，如果每个人都在使事情变得更轻松，那么在对人类的贡献上，除了使事情变得更艰难外，留给他的还能有什么呢？我们在现今时代所面临的真正困难不就是所有的困难都被消除了吗？真正的危险不就是我们正在消除生活中所有的危险和风险吗？克尔凯郭尔担心我们的生活变得安全、渺小和平庸，担心生存被娱乐、便利和现成观点的洪流所淹没，从而被剥夺了其深度和个性。但是，如果现今时代的生活受到这种危险的安逸和无思虑的威胁，那么，他作为作家的使命就必须是使生活恢复到原本的困难状态。

第八章　爱

“你要爱你的邻人（原文如此）。” 91

只要看看呈现在你面前的这个世界，它是那样地多姿多彩，这就像在看一出戏，只不过多样化的程度要高太多太多。因为世界的这种差异性，这无数个体中的每一个人都是特殊的，代表着某种特殊的存在，但本质上他又是一种区别于他者的存在。然而这一点你在生活中是看不到的，在这里你只看到了个体所代表的东西以及他是如何代表的，这就像在戏剧中一样。但是，当舞台帷幕落下时，那么扮演国王的人和扮演乞丐的人，以及其他角色，全都一个样了；他们都是演员扮演的。当死亡来临时，现实舞台的帷幕落下时……他们也都是同一的——他们都是人类。所有的人都是他们本质上的样子，都是由于你看到了差异性而没有看到的样子——他们是人。

艺术剧场就像一个被施了魔法的世界。但是，设想一下，某天晚上，所有的演员都陷入一种恍惚迷离的状态，以至他们都以为自己实际上就是他们所代表之人。与戏剧艺术的魔咒相比，现实中的我
92 们所遭遇的岂不是邪灵的魔咒，蛊惑的魔咒？同样，如果身处现实的魔法中（因为我们确实被施了魔法，每个人都被召唤到他的差异性中），我们的基本观念变得迷糊起来，以至于我们认为我们本质上就是我们所代表之人，又会怎样呢？唉，不就是这样吗？我们似乎已经忘记了，尘世生活的差异性就像演员的服装，或者就像旅行者的斗篷，所以每个人都应该留意，莫要把外衣的系绳系得太紧，最重要的是，不要打紧结，这样，在转变的瞬间，就可以很容易地把衣服扔掉……但是，唉，在现实生活中，人们把“差异性”的外衣系得太紧，以至于

> 完全掩盖了“差异性”只是一件外衣的事实，因为平等的内在光辉从来没有或很少如其所应然那般闪耀。
>
> 然而，如果一个人真的要爱他的邻人，就必须时刻记住，他的差异性是一种伪装……从世界之初，没有一个人作为一个邻人——在国王是国王、学者是学者、你的亲戚是你的亲戚的意义上作为邻人——存在，或曾经存在过，也就是说，在例外性的意义上，或者说，在差异性的意义上，不是每个人都是邻人。作为国王、乞丐、富人、穷人、男人、女人等等，我们彼此都不一样，在这方面，我们确实是不同的。但作为邻人，我们都无条件地彼此相似。差异性是时间性困扰我们的方式，它标记着每个人的不同，而邻人是每个人的永恒标记。
>
> ——《爱的劳作》，第86—89页[26]

作为一名“文化批评家”，克尔凯郭尔对新兴的 93
交流的技术系统的文化进行了批判。但作为一名基督徒，他不能让这成为最终定言。他永远不会做出蔑视“每一个人”的行为，因为普通人是上帝国度的成员，他们应该得到耶稣的特别关注。如果他坚持每个个体都是独自站立在上帝面前的，那么他就没有忽视基督徒的爱的责任，即每个个体都必须爱他的邻人。还有另一种平均化或平等，就是基督徒在上帝面前人人平等。在《爱的劳作》中，我们听到的几乎与我们到目前为止听到的完全相反：差别（差异性）是戏服，而里面是相同的，是普遍的人类。克尔凯郭尔的视域已经转变了。克尔凯郭尔身上有一种虔诚主义的倾向，他不断地争辩说，普通人简单而发自内心的虔诚在“反思”——思辨哲学——的复杂性面前并不处于劣势。所以，克尔凯郭尔小心地区分了一种“最基本的平均化”（basest kind of levelling）——那种把个体降低到最低限度的普通人水准的平均化——以及另一种更高水准的平均化：“永恒的生命也是一种平均化，但它不是这样的，因为它的平均水准是——成为宗教意义上的本质的人。”[27] 永恒的生命所带来的平均化，指向我们最高的共同水准，即每个人在上帝面前不可削减的尊严。克尔凯郭尔蔑视由公众造成的同质的平等化，这种同质的平等化应与更深层次或更高层次的平等化区分开来，在这种平等化中，无论我们的外在环境如何，我们每一个人，都是单独的，在上帝面前是绝对平等的：[28]

> 从基督教来说，每一个人（单一个体），无条 94
> 件的每一个人，再一次，无条件的每一个人，都是同样地接近上帝——多么接近，同样接近吗？——为他所爱。于是就有了平等，人与人之间是平等的，无限地平等。

每个人无论在生活中处于什么位置，他们都有一个共同点，就是每个人都被召唤，与上帝建立独特的一对一的关系，像圆周上的每一个点都与中心有一对一的关系一样；每一个点与中心的距离是相等的。平等（等距离）和个性息息相关。这种更深层次的普遍性与真实的个体性在上帝面前是完全等同的，与个体被公众力量胁迫而相互顺从根本不同。人类之所以优于动物，不仅因为普遍的特殊差异，而且因为：

> 在每个物种中，每个个体都有本质上的差异或特性。确切地说，这种优越性就是人类的优越性……事实上，如果不是这样，一个诚实、正直、受人尊敬、敬畏上帝的人，在同样的情况下，可以做出与另一个同样诚实、正直、受人尊敬、敬畏上帝的人截然相反的事情，那么，人与上帝的关系本质上就不会存在，在其最深层的意义上不会存在。（第 230 页）

每一个人，无论他在尘世有什么“差异性”，都是值得爱的，在任何版本的基督教教义中这一点都必须占据首要位置。即使克尔凯郭尔认为个体独自站立
95 在上帝面前，排斥教会的任何真正作用，无论是国家建立的、天主教的还是新教的——这种观点在他生命的最后爆发了，但他并非没有邻居之爱的概念。这就是《爱的劳作》（1847）的主题，它已成为现代宗教文学的经典，居于第二个作者身份的核心。

这段文字探讨了永恒给时间投下的阴影。我们可以把时间生活比作一出舞台剧，我们每个人都是演员，扮演着不同的角色，有不同的台词要念诵，有不同的服装要穿戴。无论贫穷还是富有，男人还是女人，这些都是我们在生活中所穿的服装。试想一下，如果在表演结束时，当演员脱下他们的服装，一个演员仍然坚持他的角色，继续相信他是拿破仑或日本天皇，命令他的同事们，指望他们服从，什么疯狂会随之而来呢？想象一下，这个疯狂的人，竟然用自己的戏装把自己弄迷糊了。就这样，克尔凯郭尔说，当死亡结束了人类的游戏，当时间的帷幕落下，永恒的真实生命揭开面纱，那么，我们就会看到我们被看到的样子，赤裸裸的真实，就像我们在上帝面前一样，本质上是平等的。那些生活在财富、权力和世俗利益中的人要注意了：不要把异样的衣服系得太紧。不要把人类的差异性看得太严重，这些是我们外部环境的作用，它们都是短暂的、外在的偶然事物，并不触及我们本质上的人性（与“生存主义者”相反，克尔凯郭尔对“生存”的强调并不排除某种共同的或普遍的“本质”的概念）。

死亡为我们提供了对生命最伟大、最简洁的总括。死亡是伟大的平均者，永恒是伟大的平衡者。在墓地里，没有人有优势，即使他的地盘比邻居的地盘大上半英尺。

96 所有个体绝对的和永恒的平等构成了克尔凯郭尔对基督教教义的解释的基础，尤其是对所有基督教教义中第二大教义“你要爱你的邻舍如同爱你自己”（《圣经·新约·马可福音》，22: 39）的解释，第一个当然是爱上帝。人类生存的普遍特征是每个人都生存于上帝之中，并与上帝有着独特的关系，每个人都被上帝所爱，并反过来命令我们去爱上帝。这种普遍性正是为什么爱是诫命中的第一条，为什么爱必须被命令，以免爱受制于差异的变化无常，根据这种差异性，一些人比另一些人更可爱。

克尔凯郭尔在“优先的爱”和“命令的爱”之间做了一个根本的区分。前一种包括情欲的爱（eros）和友爱（philia），都是我们通常所说的爱，是由对方所具有（或不具有）的可爱的特征所唤起的。这种爱来自喜欢、感觉和情感，而不能被命令。情爱和友爱是多变的、有差别的和特殊化的，在不同的平面上运作，把一个人和另一个人区分开来，他们仍然被限制在一个或多或少有些偏狭的偏好圈子内。但对克尔凯郭尔来说，优先的爱是“异教的”，他并非谴责它，而只是说它属于一种自然状态而不是恩典状态，它不是由福音派的慈善引导的。它的魅力，以及它的脆弱、短暂、善变、焦虑和嫉妒，自古以来就是诗人的素材。但对他而言优先的爱，归根结底是一种自爱，因为在爱我的配偶或孩子或朋友时，我是在爱我自己更广泛的圈子，我的另一个延伸的自我，即便我把他们视为我自己更好的那一半。

另一方面，命令的爱，是完全的平等主义和非优 97
先的，它面向“邻人”。克尔凯郭尔并不在通常意义上使用这个词——指那些最邻近的、最亲近的人（如英语中的“neigh”暗示的意思），而是指你遇到的“下一个人”（如丹麦语中的“nächst”一词所暗示的意思），下一个进门的人，不管是谁，可以是任何人，每一个人。邻人强调包括陌生人，甚至敌人。正如他在一个精心的比喻中所说的那样，这种爱挑开了自爱的锁，它的名字是希腊语中第三个代表爱的词："agape"[*]。他用的丹麦语是"Kjerlioghed"，源自拉丁语"caritas"，拉丁语"caritas"又借自法语的"cher"，意思是"上帝的爱"。上帝命令我们给予邻人爱，这是无私的爱，需要自我否定和自我牺牲。他所说的"圣爱"意指真心希望他人拥有真正的、永恒的幸福，即使我们在感情层面上，也就是在暂时的优先的意义上强烈地不喜欢他们。一个人被命令爱自己的敌人，甚至以一种被命令的而不是以任何自恋的方式爱自己。命令的爱应该是坚定不移的，无变化的，不偏向的，非排他的。它不为诗人和小说家提供丰富的素材，因为它安安静静又毫不显眼。它面向每一个人，不考虑他们的世俗差异。人们不应该得出这样的结论：这种爱仅仅是另一种名义下的"正义"——给予对方应有的爱——希望对方得到爱，这得到的爱很可能超出了他们应得的回报。

克尔凯郭尔在《爱的劳作》中提供了源源不断的

---

* agape 一般译为"圣爱"。

深刻有力的反思，给予研究以充足的回报，比如关于爱相信一切但不会被欺骗这一主题的美丽沉思（第225页）。但他的作品中也有一种令人不安的潜台词——正 98
如我必须指出的那样——越来越清晰地浮现出来了。在成功地与《诱惑者日记》的作者拉开距离，确立自己作为宗教作者的身份之后，克尔凯郭尔似乎也开始了某种过度修正的过程。“两个世界”的理论出现了，时间（优先之爱的范围）和永恒（命令的爱的视线定格在永恒之上）之间的张力开始滑向二元的不平衡，时间永远无法与永恒相抗衡。事实上，我们的尘世生活就像一件死亡时脱落的“衣服”，可以在柏拉图的《斐多篇》中找到这一形象。《斐多篇》是西方理论的基础文献，它描绘了我们的生活被时间和永恒这两者的对立所撕裂的画面。

克尔凯郭尔说，通过在上帝面前将每个个体神圣化，基督教废除了残酷的关于自然奴隶的异教学说，并揭示了这种作为外衣的世俗的“差异性”。出于同样的原因，基督教也不傻，它并没有沉溺于浪漫的幻想，认为某种“纯粹的人性”（平等）状态曾经存在，世俗的差异在那里已被消除；甚至基督教也没有义务消除这些差异。克尔凯郭尔对个体绝对平等的分析可能会使他走向一种激进的平等主义政治神学，一种激进的基督教社会主义。但事实上，它采取了作为一种私人虔诚的基督教形式，作为在时间中生活所不可避免的限制，我们个体必将遭受周围世界的不公正对待。基督教以“永恒的平静”审视所有这些差异性，这些差异将永远与我们同在，它不偏袒任何一方。那么，“这些差异无论处于高阶还是低阶，基督教都不想把它们消除”（第 71 页）。“这一点也不困扰基督教，一点也
99 不”，为差异所困那是“世俗之事”。虽然差异比卑鄙更可取，但它不是一种适当的基督教事务。基督教的使命是确保我们在天上的事务，而不是为人们在地球上提供负担得起的住房，是生产“基督教的平等”而不是经济平等。这是一个“时间性”的标志，一个“善意的”人的标志，关心建立医院治疗病人和挽救垂死的人，但即便没有这样的需求，永恒的目的亦将达到，只要一个人的内在意图是仁慈的（第 326 页）。那么，当耶稣去“医治”跛子和麻风病人时，当耶稣让我们

给赤身裸体的人穿衣服、给饥饿的人吃东西时，那大概是他“善意的”人道主义的一面,而不是神性的标志。如果说克尔凯郭尔发现了“单一个体”的范畴，那么他从来没有能够成功地构造出具体的“政治范畴”，一种基督教的政治范畴，这种政治取自犹太先知的经验，就跟汲取耶稣对穷人的明显“偏爱”一样。

在《爱的劳作》中，人们还发现了一种关于性和婚姻的日益严厉的道德观，这种严厉打破了伦理和审美之间的平衡，这种平衡源于几年前威廉法官对婚姻的辩护，源于与快乐的已婚信仰骑士的辩证。当然，在情欲之爱中，在婚姻之爱中，有比自爱和扩展的利己主义更重要的东西，正如克尔凯郭尔所建议的那样，有比“自私的一对”、加倍的自私更重要的东西。在这一点上，对克尔凯郭尔进行心理分析是很有诱惑力的，但他个性中的性因素在根本上是无关紧要的；的确，一个人可能会被自己的心理折磨所引导，看到对他人隐瞒的真相。同样诱人的提议是，在所有这些净化自己的利己主义的关注中，一种过分的利己主义正酝酿着。正如列维纳斯所言，想用世俗的幸福换取永

恒的幸福是一种长期的利己主义。但人们不能不指出，
100 克尔凯郭尔在《爱的劳作》中的情爱观是短视的。真正的情欲之爱既不是自私，也不是义务，更不是两者的某种结合，而是一种不一样的东西，它躲避了这本书的二元论范畴，比优先的爱多出了自我放弃，比命令的爱更像礼物。回顾过往，人们会发现，在克尔凯郭尔最后的岁月里，一种对人类生存的冷嘲热讽浮出水面。

《爱的劳作》出版后不久，克尔凯郭尔去拜访明斯特主教，主教冷静地拒绝接见。克尔凯郭尔将这次拒绝理解为对该书的担忧。也许主教，一个终身的世交，希望看到他自己的布道对克尔凯郭尔发展的这个核心基督教主题有所影响。但主教却看出了别的东西——对丹麦基督教生活现状的批评，这当然超过了主教对基督教倾注的关怀。我不知道明斯特是否也会察觉到这种对世界和身体的冷嘲热讽，这与一个以道成肉身为中心人物的宗教格格不入。克尔凯郭尔在 1852 年的一篇日记中说，苦难是一个人与世界的异质性碰撞时所发出的火花。[29] 真正的基督徒的苦难，不像约伯或

亚伯拉罕所受的苦难那样，而是贯穿始终，直到死亡，只能在永恒中才得到回报。所以，如果一个人没有受苦，那是因为他与世界妥协了。以如此严峻的眼光来看待我们在时间中的生命，当然是会让主教担忧的。

第九章　自 我

人就是一种精神。但什么是精神呢？精神就是 101
自我。但自我是什么呢？自我是一种把自己和自己相联系的关系，或者是关系中把关系自身和自身相联系的关系；自我不是关系，而是关系把自己和自己联系起来。人是无限与有限、时间与永恒、自由与必然的综合，简言之，是一个综合。综合是两者之间的关系。就此而言，人还不是一个自我。

在二者之间的关系中，关系是作为否定的统一体的第三者，两者联系着关系，在关系中联系着关系，因此在灵魂这个定性之下，灵魂与身体的关系是一种关系。但是，如果关系将自己与自己相联系，这个关系就是积极的第三者，这就是自我。

人的自我就是这样一种衍生的、设定的关系，一种将自己与自己相联系的关系，在将自己与自己相联系的过程中，将自己与他者相联系。这就是为什么严格意义上的绝望可以有两种形式。如果一个人的自我已经设定了自己，那么就只能有一种
102 形式——不愿成为自己，而是意欲摆脱自己，但不可能有这种形式——绝望地愿意成为自己。这第二种表述特指对（自我的）关系的完全依赖，表明自我不能靠自己到达或维持平衡和安宁，而只能在自己与自己的关系中，把自己与那设定了整个关系的东西相联系。是的，这第二种形式的绝望最终可以追溯至此，并在其中得到解决。如果绝望的人意识到了自己的绝望，就像他自认为的那样，而不是毫无意义地把它说成是发生在他身上的事情……而现在，他试图凭借自己和仅凭借自己用自己全部的力量来打破绝望——那么，他仍然处于绝望之中，而且用他假定的所有努力只会使自己陷入更深的绝望。绝望的错误关系不仅仅是错误关系，而是一种

与自己相联系的关系中的错误关系，这种关系是由另一种关系建立起来的，所以这种自为存在的关系中的错误关系也无限地反映在它与设定它的力量的关系中。

当绝望被彻底根除时，自我状态可这样表述：在将自己与自己相联系的过程中，在愿意成为自己的过程中，自我显明地归靠于设定它的力量之中。

——《致死之病》，第13—14页[30]

这段文字摘自《致死之病》的开篇，这部作品以深奥著称，可与黑格尔的任何著作相媲美。然而，克尔凯郭尔在该书的序言中说，如果其高深的理论基调给人留下的印象是该书过于严谨和学术化而不能给人以教化，那将是令人遗憾的。对真正的基督教来说，一切都应该是教化性的，抽象的学问只是一种玩笑。这本书所讲的内容很简单，任何人都可以理解，通过独自站在上帝面前而成为自己，承担起对自己生命的责任，而不是对世 103
界历史的意义进行空洞的哲学反思。这句话是由一个新的假名"反克利马库斯"说的，与早期的假名相比，这是一个非常单薄、透明、没有诗意的叙述者，他缺乏第一阶段假名的反讽性或戏谑性。唯一的作用是一种谦虚。反克利马库斯以如此严谨和高尚的措辞阐述了基督教的情况，克尔凯郭尔不想给人留下印象，假装自己已经走得如此之远。以克尔凯郭尔自己的名义发表的免责声明也起到同样的作用。重要的是不要被名字中的“反”字所迷惑。这个假名并不意味着作者是反对（约翰内斯）克利马库斯的。“反”的意思是“以前”“在前”或“领先”，如“先行”（antecedent）或“预期”（anticipate）的构词，因此反克利马库斯比克利马库斯高明，他作为一个幽默家并没有宣称自己已经达到了基督教的程度。

这本书包含了克尔凯郭尔对其“辩证的”和生存的自我概念最复杂的表述。全书围绕着一个关于灵魂的隐喻展开，一个灵魂的健康以及相应的威胁灵魂的疾病，即称之为绝望的疾病。人是一种精神，精神是一种自我，这里的自我既不是单纯的物质存在，也不是纯粹的非物质存在，既不是动物，也不是天使。自我是时间与永恒、身体与灵魂、有限与无限、外在与内在、现实与理想、可能与不可能这些成对的不同领域的“综合”。但这并不表示像它暗示的那样是每种领域的混合，而是一种“关系”或辩证的张力，它构成了第三种要素，负责跨越距离，处理这些对立面之间的辩证张力。

自我不是一个简单的综合或关系，在这段文字的复 104
杂词汇中，自我是“自己把自己联系起来的关系”。任何关系都有三个要素，相关的两个要素（拿数字举例，比如说 5 和 10）和关系本身（一半，两倍）。在被动的、非人格化的对象中，无论是物理对象还是观念对象（逻辑学、数学），都可以找到一种纯粹的“否定”关系，而“自我”则是一种积极的、个人的关系。在自我之中，关系积极地采取和制定，实施和执行；第三要素积极地进行和监督两个相关项（relata）之间的关系。因为自我必须主动地综合自己，综合的实施或多或少地会成功。当自我实施得很好时，我们可以说自我对自己是真实的，或者自我就是其自身，或简单地说它是一个自我（健康的自我）。如果自我实施得不好，自我就会崩溃，不能成为自己，由它构成的张力关系就会失去平衡。当有限事物远超无限事物被赋予大脑时，整个综合便会陷入某种功能失调或错乱。这种功能失调是一种“疾病”，克尔凯郭尔在这里称之为“绝望”，不是指心理上的抑郁，而是精神平衡或内在动力的深度破坏。绝望是与自身的某种脱落而不能成为自己。

克尔凯郭尔接着引入了一个更复杂的问题。人的自我不是一个自足或自治的关系，而是一个派生的或依赖的关系，一个“由他人建立”的关系，他的意思是说，由上帝创造的关系。因此，关心自我，也就是维持这种自我关系的健康平衡，就会牵涉到上帝。如果人类是自
105 治的，不依赖上帝，那么，绝望将仅仅在于没有下决心成为自己。例如，不能“认识你自己”，这是异教徒（希腊人）的训诫，是纯粹的人类层面的绝望。但是，当自我不能在上帝面前恰当地联系自己时，绝望就会加剧。那么，一个人可能会愿意成为自己，但仍然在绝望中这样做。依赖性的自我表现得好像它不是依赖性的，并宣称面对上帝的独立性。所以，如果一个人试图靠自己的力量摆脱绝望，结果只会是为自己挖一个更深的绝望的洞。摆脱这种更深的绝望的唯一方法就是意志成为自己，同时放弃这种自足的感觉，安于“建立它的上帝力量”。我们可在《或此或彼》中看到一个例子。由于不想成为

一个自我，审美家陷入了第一种绝望（不愿意成为自己），但来自乡村牧师的“最后通牒”提醒法官要当心第二种绝望——努力在没有上帝的情况下独立地成为自己。

接下来，书中列举了让人陷入绝望的各种可能的方式和手段，这些方法和手段的深度和微妙让后来的心理学和心理分析理论羡慕不已，俨然成为它们的一种典范。在一个预示着弗洛伊德对“否认”和无意识压抑机制的思考，以及海德格尔的非本真性概念和萨特的自欺概念的分析中，反克利马库斯专注于绝望的一个关键因素，即一个人对绝望的觉知程度，没有一个人不在他灵魂的某个隐蔽角落里感到绝望。没有人没有体验过内心隐藏的面对自由的“焦虑”（anxiety，即德语的“Angst”）。当我们不期然地与自由面对面时，我们选择逃避，这就是自由的最好证明。（克尔凯郭尔曾在早期的一部著作 106
《焦虑的概念》中对这一分析进行了充分论述，这对海德格尔的《存在与时间》以及后来的生存主义者都至关重要。正是从这个源头开始，德文的“Angst”一词才被列入了高雅词汇。）焦虑不是绝望，而是绝望的“前提”。只有自由选择成为自我的存在才会陷入绝望，绝望相应地成为精神的标志。动物没有绝望的经验，反克利马库斯猜测，这并不奇怪，因为动物和人类之间的鸿沟和克尔凯郭尔所坚持的时间与永恒之间的差距一样大。对人并不总能意识到自己处于绝望中的观点进行反对，证明不了什么，除非它证明了相反的情况；因为否认自己处于绝望之中，或者当自己处于绝望时没有意识到自己处于绝望之中，都是一种绝望。一个人通过承认绝望而逐渐克服绝望，这意味着平静的感觉可能是被压抑的绝望的危险信号，就像身体的疾病在我们没有任何症状时是潜伏最深的一样。另一种极端是“反抗”——当一个人知道自己处于绝望之中而拒绝被拯救。在这里，一个人通过拒绝他人或上帝的帮助，在绝望中下决心坚持自己，坚持自己的痛苦（第 205 页）。

比如，女人的魅力是幸福的源泉，但时间中的幸福并不能为精神担保：“在幸福的最隐秘的藏身处，也栖息着焦虑，那就是绝望”（第 25 页）。正是在我们幸福的时候，我们内心深处仍然觉得有些地方不对劲。到底是什么呢？“没什么”，绝望回答。事实上，这只是《存在与时间》中另一个未确认的引证，即世间幸福的短暂

和空无。对法国生存主义者来说，世间快乐的短暂性是其美的条件；但对克尔凯郭尔来说，却是它们的毁灭， 107
因为在他看来，真正的快乐必须是永恒的、永远的，这是不言而喻的事实。[31] 同样的道理，对于克尔凯郭尔来说，不快乐和痛苦是一种礼物，是一种“无限的恩惠”，就像痛苦的病症提示我们生病了，让我们能够及时治疗一样。不快乐唤醒了我们作为精神的意识，使我们意识到自我生存于上帝面前，提醒我们必须去做的一件事：

> 当时间的沙漏用完，时间性的沙漏……当你周围的一切都静止，就像在永恒中一样，那么无论你是男人还是女人，富裕还是贫穷，对别人有依赖性还是独立……你的名字是否会被记住直到永远……永恒只问你和这千百万人中的每一个人一件事：你是否活在绝望中……（第 27 页）

永恒会想知道：我们是否在上帝面前审视过自己的内心，承担起自己生命的责任，或者我们是否生活在绝望中，让自己被生活的消遣分心，忽略甚至压抑一些更深层、更令人不安的东西？

让我们从一个非常微妙的心理仓库里举出一个例子。“生存的精神”，自我，应该是有限与无限的具体综合或统一，而不是陷入片面或“抽象”的状态。有限性给予了我们生命的界限和定义，而无限性则不断推动我们前进，拓宽我们的视野。打破这种平衡的一种方式就是突出强调“无限”的一面，也就是屈服于幻想和无限。当这种情况发生时，无限就会不受有限的现实主义的约
108 束，引导人们进入他们的想象生活，远离实际生活。自我挥发，变得抽象。一个推测世界历史目标的教授，却忘记了来自现实世界——他的学生和家庭——对他的要求，忘记了“在这一天、这一小时、这一时刻可以完成的工作”（第 32 页）。在这种情况下，一个人实际上失去了自我，甚至没有意识到丧失，就像他会意识到失去了“一只胳膊、一条腿、五美元或妻子”一样。另一种可能是“有限的绝望”（finitude’s despair），它缺乏无限性。这意味着一个人生活在如此狭窄的边界之内，他没有更大的视野，没有梦想，感受不到视域之外的事物。第一种绝望被梦想中可能发生的事所扫除。第二种绝望

是被锁在一个宿命论和必然性的世界里，一个人因失去希望而痛苦，不敢梦想事情可以是别样。

要维持综合这些构成因素之间的辩证平衡，就需要我们在上帝面前，通过相信上帝来维持，因为那种认为我们可以用自己的努力来补救这种绝望的观念本身就是一种绝望。“反抗”，意味着全靠自己来做，不承认有任何控制我们的力量，这是一种积极的、勇敢的绝望！它反抗所有的生存，并且确信已经找到反对它的良善的证据（第 73 页），这段文字可以非常贴切地用来描述加缪的中心观点。绝望“被增强了”，提高一个等级达到更高的力量，就像一个数字的平方，绝望成了一种罪。因为绝望站在“上帝面前”，正是罪的定义（第 121 页）。悖论的是，这意味着血腥的罪是罕见的。希腊人有厄运和道德的恶的概念，但由于他们没有亲自站在基督徒所说的上帝面前的观念，他们也就不知道基督教所说的罪；另一方面，在克尔凯郭尔看来，大多数基督徒都是没有精神的懦夫，异教徒式的基督徒，他们没有能力犯真正的罪（第 100 页）。与绝望相反的是信仰——明显地停 109
留在构成我们的力量之上。伴随着“罪的状态”的绝望是一种新的罪，对罪的绝望的罪，在这种罪中，自我将自己封闭在自己的内心，并“保护自己”，不受“良善”的影响。它捂住耳朵，听不见福音的呼唤。罪是一个逐渐自我强化的绝望过程：因为罪导致了对罪的绝望的罪，这是进一步对罪的宽恕产生绝望的罪，最后以对教导罪的宽恕的基督教的侵略性攻击而告终。这样的攻击（人们想到了尼采）至少公正地对待基督教，接受了它的本来面目，我们每个人站在上帝面前的冒犯和丑事都是重要的，上帝可以宽恕罪。如果说绝望指的是与丑事的不幸的关系，那么信仰就是幸福的关系，它肯定了有罪者与赦罪者之间无限的质的区别（第123—124页）。

人们可以把这本书作为一个问题来向克尔凯郭尔本人提问。人们可以就其著作问询他在《致死之病》的精致探究中提出的问题。时间与永恒之间的综合，或者说健康的平衡，这是克尔凯郭尔作品中的核心辩证张力，他本人是否最终保持了这一平衡呢？永恒与时间之间的张力按最初的设想是赋予生命以生存激情，但它是否以耗尽生命的能量和活力而告终呢？在早期的著作中，他强调基督教强化了人的生存，因为在每一个决定的时刻，

我们永恒的幸福都悬而未决。但现在他似乎说，我们在
时间中生活的任何快乐，都是一种无声的致死之病的迹
象。如果我们从这本书中学到疾病是快乐的，健康是痛
苦的，那么，一切尘世的快乐岂不是都被碾碎了，人生
不过是一片“泪谷”[*]？难道我们要得出这样的结论：尘
世的幸福与永恒的幸福成反比，并因此成为致死之病的 110
症状？如果时间最终被永恒所征服，这就更加证明了时
间，如果这就是基督教最终的意义，那么基督教也是绝
望的。

* Vale of Tears，基督教用语，指的是基督教教义所说的生命磨难，只有在离开世界并进入天堂时才会被遗忘。

第十章　厌 世

基督徒眼中的今生命运 111

我们这一生的命运就是对世界感到极度厌倦，当被带到这一境地时，谁还能坚持认为是上帝出于爱把他带到这里的，谁就已经通过了生命的考验，并且已经成熟到永恒了。

我是通过犯罪来到这个世界的，我违背了上帝的意愿来到这个世界。尽管在上帝眼中我是个罪人，这种罪，在某种意义上却不是我的罪，而是给予生命。惩罚与罪行相称：丧失对生命的所有欲望，走向厌世的极端。人类会笨手笨脚地去尝试上帝的杰作，即使不能创造人，至少也要给予生命。“你会为此付出代价，因为只有通过我的恩典，今生的命运才是厌世，只有对你们这些得救的人，我才会施展这种恩典（原文如此），把你们引向厌世的最高境界。”

现在大多数的人都是如此地没有灵性，如此地被恩典所遗弃，以至于惩罚根本没有用在他们身上。迷失在今生的他们执着于今生，来自虚无又变成虚无，他们的生命就是一种浪费。

112 那些稍微有些灵性的人，以及没有被恩典所遗弃的人，他们会被引向厌世的极端。但他们不会屈服，他们反抗上帝。

只有那些被带到厌世地步的人才能在恩典的帮助下，继续坚持认为，上帝这样做是出于爱，所以他们毫不怀疑，在他们的灵魂中，上帝是爱——只有他们足够成熟可接受永恒。

而上帝在永恒中接纳他们。上帝要的是什么？祂要的是能像天使一样赞美、崇拜、敬拜、感激祂的灵魂……而比天使的赞美更取悦祂的是一个人类，在他生命的最后一圈，当上帝仿佛变成了纯粹

> 的残忍，用最无情的手段剥夺他对生命的所有欲望，他却继续相信上帝就是爱，上帝做这一切都是出于爱，这样的人就成了天使。
>
> ——《论文与日记》，1855 年 9 月 25 日，第 647—648 页[32]

写完《日记》最后一篇不到两个月的时间，克尔凯郭尔就去世了，43 岁，刚进入不惑之年。除了简朴之外，摘录中表达的观点是冷酷的，甚至是自虐的。克尔凯郭尔最后的著作的读者将很难避免得出这样的结论，克尔凯郭尔正陷入他所警告的绝望之中，这种绝望不是对无限和永恒的绝望，而是对有限和时间的绝望。这篇日记赞扬了“厌世”，赞扬了一种苦难的福音，这种福音宣称永恒幸福的前景会废止世俗的欢乐。“Livslede”，这个丹麦词语在这里被译为“厌世”，也有“悲伤”和“厌
恶”的含义。克尔凯郭尔指出，厌恶这个世界可以使一 113
个人“成熟到永恒”（ripe for eternity）。在《附言》中，“本质的”痛苦意味着一种内在的宗教超脱，即便在快乐而有意义的生活中享受人间果实时也在持续。现在，

克尔凯郭尔的观点更加愤世嫉俗。痛苦是在最字面和最外在的意义上的痛苦，它否认一个人尘世的欢乐，包括婚姻和孩子——他声称婚姻和孩子是基督教生存的伪装——并在殉道中达到胜利的高潮。人们可以听到托马斯·阿·肯皮斯的《模仿基督》(*Imitatio Christi*)的严峻色调，这是克尔凯郭尔所推崇的基督教禁欲主义的经典。已婚的信仰骑士的平衡感已经消失，基督教婚礼的神圣感也消失了，除了对生活的厌倦和对"天使"的渴望，一切都消失了。最后岁月的上帝是可怕的。我们被带到这个世界上，是为了通过对永恒的恐惧，将我们从时间中分离出来[33]，上帝让我们残忍地脱离地上的歌声，做好与天使同唱的准备。现在的"精神"不是指维持时间与永恒之间辩证张力的能力，而是指被从时间中剥离出来，从而成熟到永恒的勇气。精神意味着以基督徒的精神把这一切残酷和无情看作是爱所要求的磨难。

这些段落很有趣，因为多年来在克尔凯郭尔和尼采的比较研究中经常出现。他们强烈地提醒我们尼采对宗教灵魂的病理分析，在尼采看来，宗教灵魂指的是那些认为生命被痛苦所驳倒的人。对克尔凯郭尔来说，痛苦

是我们与世界异质化的标志，也是我们为了永恒而断奶
的方式。尼采强调痛苦只是生命之美与节奏中的一种成 114
分，其中没有任何意义。的确，人们不禁要问，这世界
变成何等样子，在《圣经·旧约·创世记》的开篇中，
耶和华曾五次宣布这个世界是“好的”，然后又加上了
“非常好的”。克尔凯郭尔的拥护者（包括我自己）有一
种倾向，就是忽略这些写于 1854 至 1855 年间的段落，
转而强调后期著作中对神职人员的精心嘲讽。但在克尔
凯郭尔所代表的“诚实”的名义下，我们不能忽视它们。

我们“通过犯罪”来到这个世界，“违背了上帝的意志”——这种思想本身便如此折磨人，让人们在理解克尔凯郭尔的意思时颇为费力。他的意思并不是说他是一个私生子，他指的是第二个也是更沮丧的创世故事中的堕落。在这个故事中，耶和华把赤身裸体的羞耻和觉醒的性欲作为不顺从的结果（而在第一个故事中，祭司作者让耶和华恩赐繁衍并宣布万物都是好的）。[34] 通过性欲来繁殖种族是一种“犯罪”，性欲本身就是罪的结果。[35] 如果没有堕落，种族的繁殖就会更有效率，就像洗澡或刷牙一样，发生在天使般的纯真状态下，不受性

欲左右。堕落后对性欲的顺从，不仅仅是拥抱罪的后果，也是让罪不体面地流入世界。产道是罪的通道，是迷失灵魂的“丰饶角”。通过罪，更多的罪人被推到世上来。而基督教则意味着制止罪，如果说罪是通过延续人类的生命而进入世界的，那么基督教的目的就是终结人类，阻止物种的性繁殖。基督教呼吁独身，呼吁更高更窄的道路，呼吁不与罪合作的更严格的训诫；它只勉强允许
115 性欲作为应变，与世俗的情欲妥协。这种妥协包含在保罗一句著名（和声名狼藉的）的话中，虽然他希望哥林多人像他自己一样独身，但他承认结婚比欲火缠身要好（《圣经 · 新约 · 哥林多前书》，7: 1，7—8）。克尔凯郭尔实际上斥责使徒的这种让步，我们被提醒，保罗只是门徒，而他，克尔凯郭尔，跟随耶稣；他说，甚至在心里渴望一个女人也是有罪的。

那么，在克尔凯郭尔看来，基督教的婚姻变成了什么呢？牧师应该劝阻前来寻求结婚的伴侣。“孩子们，我是你们最不应该求助的人……我的职责是用各种手段来阻止你们”（第 247 页）。但“上帝的人”究竟做了什么呢？人类的事情。他祝福这桩婚事，并得到了十元钱

的酬劳；毕竟，牧师需要大量的会众来维持他们的支持。不像一个靠“卖啤酒和白兰地”赚取十元钱的老实人，牧师靠提供一个诡计赚取几元钱，即通过屈服于情欲来实现上帝的意志。“妙哉！”克尔凯郭尔冷嘲热讽地评论道。他补充说，对婚姻和孩子的兴趣是犹太人的事情，而不是真正的基督徒的事情。当一个人在妻子柔软和温柔的怀抱中忘记了世界的悲哀，也就忘记了“基督教是什么”（第 164 页）。“以基督教的眼光看”，克尔凯郭尔最后的婚姻观，其愤世嫉俗的程度不亚于《诱惑者日记》中的约翰内斯，他认为“人们的生活因为婚姻而琐碎化，这是恋人们事后才发现的”（第 241 页）。

应该强调的是克尔凯郭尔在这一点上与基督教传统
有很大的分歧。耶稣并不认为人们的已婚状态会成为他
选择使徒的一个障碍，而且耶稣后来说的话也没有导致
任何一个使徒放弃他们的婚姻。此外，在克尔凯郭尔欣
赏的经常受到迫害的前君士坦丁教会中，牧师已婚是很 116
正常的。（克尔凯郭尔甚至试图淡化耶稣出席迦拿婚宴
的情节。）克尔凯郭尔不明智地否定了新出现的对《圣经》
进行历史批判研究的意义，他只从表面上把保罗的陈述

看成是绝对的，而不考虑其语境。保罗认为世界很快就会终结，甚至可能在几个月内就会终结，他很可能认为当时他能给哥林多人提供的最好建议就是保持他们当前的路线，不要启动任何新的规划。即使是没有殉道的使徒约翰，也不符合克尔凯郭尔所设定的作为“真理见证者（martyros）”的标准，即字面上的迫害和殉道。所有这些反对意见都会被克尔凯郭尔斥为妥协和懦弱，是在愚弄上帝。这就是这段文字中的“没有灵性的”意思：没有勇气被“永恒的恐怖”将自己从世界上撕开，并把这撕裂看作是上帝的“恩典”和“爱”的劳作。

克尔凯郭尔想成为一个基督教的苏格拉底，但1854至1855年间所表达的最后愿景表明了一个基督教的赛利纳斯 * 的黑暗智慧：最好的是不要出生，如果你出生了，最好不要延续生命。这种观点的转变可以很容易从他对中世纪隐修制度的态度的转变中看出，他早先曾称赞隐修制度是一种恳切的却被误导的笃信，因为它将精神的内在超然转化为外在的和字面上的超然于世。现

* Silenus，希腊神话中的森林之神，是酒神狄俄尼索斯的师傅。

在他抱怨说，隐修制度太宽厚了：它将独身视为一种完美，一种特殊天职，只适合少数被召来为上帝做特殊牺牲的人，同时把世上的生活当作基督徒的普通天职（第420—421页）。克尔凯郭尔不再将自己的情形视为“例外”，而是将独身视为所有人都要遵循的规范，同时将 117
婚姻和家庭视为例外，视为对规范的一种妥协和偏离。路德（他离开了奥古斯丁修道院，娶了妻子）已经走错了方向。在许多其他事情中，克尔凯郭尔忽略了他自己最基本的观念，即每个人以他或她自己的方式站在上帝面前。

由于他对真正基督教有那些严峻的看法，他在世上的最后一年置身于风暴之中的景况也就不足为奇了。但风暴已经蓄积了好几年，《日记》里充斥着越来越多的怨恨，因为他认为由明斯特主教和丹麦神职人员主持的“基督教世界”是一种诡计。人们甚至会在《日记》里发现许多厌女和厌世的沉思，以及新获得的对阿图尔·叔本华（德国哲学家，也是黑格尔的对手，以其“悲观主义”哲学理论闻名）的趣味。圣职、牧师身份、国家教会受薪神职人员的安稳生活、婚姻和孩子，这些都是克尔凯郭尔没有走过的路，他也不能放任不管。他总是向雷吉娜、向他的读者和他自己解释他的选择，他自己的“或者”。他最后的解释是严厉的：结婚和生育是犯罪，是对基督十字架的嘲弄。如果你结婚，你会永远后悔，因为它会损害你的永生；如果你不结婚，你会在暂时的生活中后悔，因为它会夺走今生的快乐。主教去世后（1854年1月30日），风暴爆发了。由于政治原因，克尔凯郭尔在一年中的大部分时间里都在等待时机，直到主教的继任者和老对手 H. L. 马滕森就位，克尔凯郭尔在12月份发起了他的攻击。马滕森曾讴歌明斯特为“真理的见
118 证者”，选择了一个与克尔凯郭尔一样的表达方式，克尔凯郭尔曾写道，基督教不是一个由证据支持的学说，而是一道改变生存的命令，只能被见证。克尔凯郭尔爆发了。他攻击已故主教，克尔凯郭尔一生都在寻求已故主教的支持和认可，他曾经欣赏已故主教的布道，曾经与已故主教分享个体对抗思辨思想的观点。他怒斥道，一个见证者、一个殉道者不像主教那样生活在长袍和安逸的生活里，而是为真理而受迫害、受苦难。有趣的是，这种对神职人员贵族生活方式的批评，使克尔凯郭尔更

加清醒地意识到当代政治神学家所说的基督教“对穷人的优先选择”。这最终从他那里引出了一种更激进的政治观点，与1848年所发生事件的政治转折相一致，这是见证了民主革命在欧洲各地爆发的一年。克尔凯郭尔知道，做出这样的指控往往会把批评者定位为真正的见证人。可能有人会说，克尔凯郭尔并没有把自己继承的遗产送给穷人，或者他对福音派贫困的新认识可能与他日渐减少的遗产不无关系。他试图转移这种倾向，他不断重复自己终生和由衷的信念，即他最多只是想成为一个基督徒，他不能自称是基督徒，只能在看到一个基督徒时才知道谁是基督徒；这一点明斯特和马腾森也能做到。不过，其日记中还是有广泛的证据表明，克尔凯郭尔确实把自己当成了真理的殉道者，认为自己受到公众、媒体甚至街头儿童的迫害。

在接下来的几个月里，克尔凯郭尔在一系列小册子中发起了逐渐为人所知的“对基督教世界的攻击”，围绕
着基督教中不存在的和在“基督教世界”中找不到的说 119
法展开。他对丹麦神职人员进行了尖锐的批判，其中多数是切中要害的——与尼采一道揭露了“资产阶级基督

教世界"的虚伪性——此外还带来了很多乐趣。在这里，人们发现了一个以革命者口吻宣布的对社会虚伪的激进批判。很难想象，从这样一个他所谓的"矫正"中会出现什么样的"教会"，如果真有的话。用德里达的话说，它将是一个彻底解构的结构，一种没有教会的教会。但有两件事似乎很清楚：这样的教会将把自己的财富和财产耗费于为无权无势、无依无靠的人服务，而且，鉴于其对独身和性欲的看法，这样的教会很可能存续一代之后就消失了。

克尔凯郭尔还保留着早期的一个特点，那就是笑声。尽管他对基督教的看法很严厉，但他总是让笑声充盈于身，尽管有时很难区分这到底是愤世嫉俗者的笑声还是讽刺家的笑声。他说，他天生就是论战家，论战的活力使他萎靡不振的精神得以重新振奋起来。1855 年的散文让我们想起克尔凯郭尔早期假名下闪耀的机智，比起那些有时乏味的"建设性的"布道词，这些散文总是让人觉得好读得多。他在公众面前消失了三年，他对丹麦神职人员的论战使他的笔重获生机。就像叔本华（我们在克尔凯郭尔晚期的日记中找到了好几种对其悲观主义表示赞赏的表达），他在敌人身上茁壮成长。克尔凯郭尔无法否认给他带来尘世快乐的一件事，上帝拒绝给他的痛苦，他无法自我否认——尽管经常尝试——在俗世生活的快乐，那就是写作：诙谐而又讽刺，才华横溢又 120
具开创性，动人而又雄辩地描绘了人间喜剧，这些书比他本可在泪谷中生下的那些孩子存在得更为持久，至少他在晚年对家庭生活是这样评价的。如果他自己结了婚，生了孩子，当了牧师，他很可能会把他们全部逼疯，雷吉娜、孩子们、整个教区都会疯狂。的确，克尔凯郭尔身上有一种疯狂的东西，以他自己特有的方式反映了耶稣所宣扬的上帝之国的愚昧。他的独身生活是适合于他的真理，但即使是对自己早期著作的基本反思也会提醒他，这并不意味着对每个人都适用。他在《爱的劳作》中说，如果两个凭良心行事的人在相似的情形下不能做不同的事情，那么上帝的关系就被破坏了。

依托多个假名，克尔凯郭尔抨击了思辨形而上学和兜售它的终身教授，《现今时代》等作品对报刊和公众进行了猛烈的抨击。现在轮到牧师们承受克尔凯郭尔的尖锐笔锋的刺戳和讥讽了。他问道：如果是上帝的旨意让人类不能去鹿苑（the Deer Park），又该作何理解？牧师们会由此得出结论：别担心，只要牧师们“为四座荷尔斯泰因马车祈福，并在马背上做十字架的标识”，确实还是可以去的，而且还能得到上帝的祝福，当然，他们会因此而不得不要求一笔合理的酬金。唯一的结果是，除了现在去鹿苑会更加昂贵之外，什么都不会改变。也许，他补充说，牧师们甚至可能去做出租马匹和马车的生意，这出自他们自己的善心，会特别讨上帝的欢心，这样，神圣禁令就会成为上帝之
121 人的名副其实的经济利益（第 348 页）。神职人员并不感到好笑，马腾森在最初的回应后没有做进一步评论，睿智地认为这是最好的策略，免得引起人们对这种出色攻击的进一步注意；攻击太过频繁才是他们自己最大的敌人。

克尔凯郭尔在日记中写下这段话的一周后，倒在了哥本哈根的街道上。六周后（1855 年 11 月 11 日），他在弗雷德里克斯医院平静地去世。[36] 他的哥哥彼得（现在自己做主教了，但他拒绝为索伦做临终祷告）主持了教堂仪式，没有提到他的兄弟对基督徒公共生活状态的

严厉“审查”。在墓地，他们一个名叫亨里克·伦德的侄子打破了现场的仪式，宣读了一份声明，抗议官方的基督教葬礼，因为官方将他的叔叔视为教会的忠诚之子，从而贬低了克尔凯郭尔所代表的一切。伦德引用了一篇题为《我们都是基督徒》的文章，其中克尔凯郭尔认为，“每个人都是基督徒”的错觉如此之大，以至不管一个人在有生之年如何反对基督教，他仍然会被当作基督徒下葬。毕竟，每个人都是基督徒，即使死者拒绝基督教。克尔凯郭尔曾打趣说，唯一可能有效阻止基督教式的葬礼的就是，死者没有留下任何东西可支付牧师的服务费用（第 117—118 页）。

注 释

1 我在这里使用的是《克尔凯郭尔日记》出色的德鲁译本：*The Journals of Kierkegaard*，Alexander Dru，p. 73（New York: Harper Torch Books，1959）。

2 克尔凯郭尔区分了右手的教诲作品和左手的假名作品，参见 *Kierkegaard*'s *Writings*，XXII，*The Point of View: On My Work as an Author，The Point of View for my Work as an Author，and Armed Neutrality*，trans. and ed. Howard and Edna Hong（Princeton: Princeton University Press，1998），p. 36。

3 克尔凯郭尔为他的神学学位写了一篇论文，将苏格拉底式的反讽解释为无限的和消极的反讽，这意味着讽刺性地揭露虚假，但不宣称真理，参见 *Kierkegaard's Writings*，II，*The Concept of Irony*，*with Constant Reference to Socrates*，together with *Notes of Schelling*'s *Berlin Lectures*，trans. and ed. Howard and Edna Hong（Princeton: Princeton University Press，1989）。

4 Søren Kierkegaard: *Papers and Journals: A Selection*，trans. Alastair Hannay，pp. 32—33，34，35，36—37（London and New York: Penguin Books，1996）.

5 *Søren Kierkegaard*'s *Journals and Papers*，trans. and ed. Howard and

Edna. Hong, vol. 5, #5857 (Bloomington: Indiana University Press, 1967—1978) .

6 *Kierkegaard*'s *Writings*, XIX, *The Sickness unto Death*, trans. and ed. Howard and Edna Hong (Princeton:Princeton University Press, 1980), p. 124.

7 *Sickness Unto Death*, p. 27.

8 *Sickness Unto Death*, p. 5.

9 我使用的是旧译本：Søren Kierkegaard, *Either/Or*, trans. David and Lillian Swenson, rev. David and Lillian Swenson, rev. Howard A. Johnson (Princeton: Princeton University Press, 1944, 1959), vol. 1, pp. 37—39。

10 Søren Kierkegaard, *Either/Or*, vol. 2, pp. 140—143.

11 参见 Alasdair MacIntyre, *After Virtue*, 2nd ed. (Notre Dame: University of Notre Dame Press, 1984) 关于这一反对意见的著名论述。

12 *Kierkegaard*'s *Writings*, VI, *Fear and Trembling and Repetition*, trans. and ed. Howard and Edna Hong (Princeton: Princeton University Press, 1983), pp. 34—37.

13 沉默者约翰内斯描述了一个信奉上帝与其婚姻和世俗责任并不冲突的骑士，克尔凯郭尔以此说服他自己和雷吉娜，一个真正有信仰的人脚步是多么地轻盈，以至于能够结婚而不错失一步，而他索伦只能抬起跛足。他给雷吉娜的隐蔽信息是，他以被上帝破例的权利为名，解除了他们的婚约。虽然他的隐秘给他的婚姻设置了障碍，但这也是他追寻个人使命的关键，他要找到对他而言是真的真理。

14 *Kierkegaard*'s *Writings*, XII, *Concluding Unscientific Postscript to "Philosophical Fragments"*, trans. and ed. Howard and Edna Hong (Princeton: Princeton University Press, 1992), pp. 199, 201, 203—204.

15 *Concluding Unscientific Postscript*, pp. 625—627.

16 此部分请参见 *Kierkegaard' s indirect Communication*(Charlottesville: University of Virginia Press, 1993), 他在评述各种解释的同时，也提出了自己有争议性的立场。

17 Jean-Paul Sartre, "The Singular Universal", in *Kierkegaard: A Collection of Critical Essays*, ed. Josiah Thompson (Garden City, New York:Doubleday Anchor, 1972), pp. 230—265。这是一部杰出的研究文集。

18 *Indirect Communication*, p. 12.

19 *Indirect Communication*, pp. 162—163.

20 Joel Rasmussen, *Between Irony and Witness: Kierkegaard's Poetics of Faith* (New York and London: T & T Clark, 2005), pp. 5—8.

21 *Kierkegaard's Writings*, XXI, *For Self-Examination and Judge for Yourselves*, trans. and ed. Howard and Edna Hong (Princeton: Princeton University Press, 1990), pp. 2, 91—92.

22 *Kierkegaard's Writings*, XVI, *Works of Love*, trans.and ed.Howard and Hong (Princeton: Princeton University Press, 1995), p. 275.

23 *Kierkegaard's Writings*, XIV, *Two Ages: The Age of Revolution and the Present Age*, trans. and ed. Howard and Edna Hong (Princeton: Princeton University Press, 1978), pp. 90—95.

24 George Pattison, "*Poor Paris!*" (Berlin and New York: Walter de Gruyter, 1999) .

25 对克尔凯郭尔的这种解读的主要支持者是：Bruce Kirmmse, *Kierkegaard in Golden Age Denmark* (Bloomington: Indiana University Press, 1990)。又见 Mark Dooley, *The Politics of Exodus* (New York: Fordham University Press, 2001)。

26 *Works of Love*, pp. 86—89.

27 *Two Ages*, p. 96.

28 *Kierkegaard's Writings*, XVIII, *Without Authority*, trans. and ed. Howard. and Edna Hong (Princeton: Princeton University Press, 1997), p. 165.

29 *Papers and Journals*, trans. A.Hannay, pp. 545—548.

30 *Sickness unto Death*, pp. 13—14.

31 这就是"后现代主义者"以"在场的形而上学"为名所批判的：认为只有持久存在的东西、永久的东西，才是真正的真实。这就是为什么海德格尔说克尔凯郭尔没有提出“存在者的问题”，没有让这种假设受到质疑，以及为什么我说这种区别是不存在的。在仅仅是短暂的时间和永恒的永恒之间，是他最基本的背景假设。

32 *Papers and Journals*, trans. A. Hannay, pp. 647—648.

33 *Kierkegaard's Writings*, XXIII, *The Moment and Late Writings*, trans. and ed. Howard and Edna Hong (Princeton: Princeton University, 1998), p. 312。本章括号内参用的所有页码都出自这个文本。

34 第一篇创世叙事，六天的故事，归于P，一位祭司作者；创作于公元前6世纪，在巴比伦人被囚禁期间，它把上帝称为“Elohim”。第二篇叙事，即亚当和夏娃的故事，归于J，因为它指的是“耶和华”，德语中的J（“Lord”）；它大致写于被囚的两个世纪前，所罗门和大卫王国时期。第一篇叙事（好消息）比较乐观，第二篇（坏消息）是一个比较悲观的故事，讲的是原罪。

35 *Søren Kierkegaard's Journals and Papers*, ed. and trans. Hong, Vol. 3, no. 3044, p. 337。关于婚姻的条目，见 no. 2578—2631, pp. 123—149。它们渐渐变得更加严厉：no. 2629（1854）, p. 147“可容忍的私通”。

36 最可能的死因是“波特氏病”，即脊柱结核病。见 Joseph Brown III M. D., “The Health Matter Briefly Revisited”, *Søren Kierkegaard Newsletter*, no. 49（August, 2005）: 16—20。克尔凯郭尔本人将自己健康状况的恶化归咎于上一年夏天喝了冰冷的苏打水。

年 表

1813 年	5 月 5 日，索伦·奥比·克尔凯郭尔在哥本哈根出生。
1830 年	10 月入哥本哈根大学学习。
1834 年	4 月 15 日，第一次写日记。 7 月，母亲病逝。
1835 年	在吉勒莱厄度暑假。
1837 年	5 月，初遇雷吉娜·奥尔森。
1838 年	8 月 9 日，父亲迈克尔·佩德森·克尔凯郭尔去世。
1840 年	7 月，通过神学专业的国家考试。 9 月 8 日，向雷吉娜·奥尔森求婚。 11 月 17 日，在牧师神学院注册。报读牧师神学院。

1841 年　7 月 16 日，硕士论文《反讽概念》答辩。

8 月 11 日，与雷吉娜解除婚约。

10 月 25 日，前往柏林，听取谢林的演讲。

1842 年　3 月 6 日，返回哥本哈根。

1843 年　《或此或彼》《恐惧与战栗》《重复》出版。

1844 年　《哲学片断》《焦虑的概念》出版。

1845 年　《人生道路诸阶段》出版。

1846 年　1—2 月，被《海盗船》攻击。

《最后的、非科学性的附言》出版。

《两个时代》出版。

1847 年　《各种精神的布道词》出版。

《爱的劳作》出版。

11 月 3 日，雷吉娜与职业外交官弗雷德里克·施莱格尔结婚。

1848 年　《基督教讲义》出版。

《危机和一个女演员生活中的危机》出版。

写作《我作为一个作者的作品观》(1859 年出版)。

1849 年　2 月，开始殉教的想法。

《田野百合与空中的鸟》出版。

《致死之病》出版。

1850 年　《基督教的实践》出版。

1851—1852 年

写作《自身判断》(1876 年出版)。

1852—1854 年

于公众沉默，没有发表任何东西。

1854 年　1 月 30 日，明斯特主教去世。

4 月 15 日，H. L. 马腾森被任命接任主教。

12 月 18 日，克尔凯郭尔在《祖国》(一份大众报纸)上对新任主教马腾森发起攻击。

1855 年　扩展到对丹麦神职人员的攻击，持续到 5 月。

5—9 月，继续在《时刻》上发起攻击。

9 月 25 日，最后一期《时刻》。最后一篇日记。

10 月 2 日，被送进弗雷德里克斯医院。

11 月 11 日，逝世。

进阶阅读建议

基本文献

已出版作品：我自己最早对克尔凯郭尔产生兴趣是阅读 Walter Lowrie 和 David Swenson 以及 Lillian Swenson 的旧译本，许多人仍然喜欢这些译本，因为它们更优雅、更流畅，也因为它们更好地保留了克尔凯郭尔闪光的智慧。在这里，我偶尔会用它们来给读者举例说明第一代英语读者与克尔凯郭尔相遇时的好运。这些书大部分仍然可以买到二手平装版。新的译本就是现在通行的标准版，就技术层面而言更正确，更有条理，但我觉得它们更拘泥于字面意义也更笨拙：*Kierkegaard*'s *Writings*，trans. and ed. Howard and Edna Hong et al.,

26 volumes（Princeton: Princeton University Press，1978—2000）；它们具备了令人惊叹的学术成分和注释系统。Alastair Hannay 的译本（企鹅丛书）比以前的译本更有批判性，比 Howard and Edna Hong 的译本措辞更巧妙。

日记：我偶尔会引用 *The Journals of Kierkegaard*, trans. Alexander Dru（New York: Harper Torch books，1959; reissued Mineola，NY: Dover Publications，2003），该译本译文精美，而且多次重印，是一个阅读克尔凯郭尔的绝佳起点。*Søren Kierkegaard: Papers and Journals: A Selection*，trans. Alastair Hannay（London and New York: Penguin Books，1996）是一本篇幅更大的选本，也是一本比较优秀的译本。最全面的是这套：*Søren Kierkegaard*'s *Journals and Papers*，ed. and trans. Howard V. Hong and Edna H. Hong，7 vols（Bloomington: Indiana University Press，1967—1978），它没有按年代顺序而是按话题分类编排，此不当的决定有损其品质。

传记

Walter Lowrie, *Kierkegaard*（Oxford: Oxford University Press, 1938）; Walter Lowrie, *A Short Life of Kierkegaard*（Princeton: Princeton University Press, 1942），这两本传记都是老生常谈，有理想化色彩。Josiah Thompson, *Kierkegaard*（New York: Knopf, 1973）这本传记相当深刻而且去掉了神话色彩，但有点愤世嫉俗。Josiah Thompson 是接下来这部极为全面（共 866 页）并且高度去神话化的传记的前辈：Joakim Garff, *Kierkegaard: A Biography*, trans. Bruce H. Kirmmse（Princeton: Princeton University Press, 2005）。以下这本是我最喜欢的，它在深刻的思想史和具有批判性的传记细节两方面之间取得了很好的平衡：Alastair Hannay, *Kierkegaard: A Biography*（Cambridge: Cambridge University Press, 2001）。

二手文献

Bruce Kirmmse, *Kierkegaard in Golden Age Denmark*（Bloomington: Indiana University Press, 1990）这本书是

关于克尔凯郭尔所处时代的宝贵资料。David Cain，*An Evocation of Kierkegaard*（Copenhagen: C. A. Reitzel, 1997），这是一本由照片和附文组成的大画册，一本赞美克尔凯郭尔生活过的地方的美丽而感人的书。

The Cambridge Companion to Kierkegaard, eds Alastair Hannay and Gordon D. Marino（Cambridge: Cambridge University Press, 1997），一本由专家撰写的杰出的研究文集。

Robert Perkins 在编辑方面做出了巨大贡献的是：*International Kierkegaard Commentary*（Macon, GA: Mercer University Press, 1984— ），这一系列评论与普林斯顿大学出版社的每一个译本配套出版；每一位研究克尔凯郭尔的重要学者都为这些书做出了贡献。

James Collins, *The Mind of Kierkegaard*（Princeton: Princeton University Press, 1983）这本书是 1953 年版的再版，于 1965 年修订（提供了更新的文献注释），它至今仍是一流的导论之一。

Louis Mackey, *Kierkegaard: A Kind of Poet*（Philadelphia: University of Pennsylvania Press, 1971）是另一本精彩

的导论，但这一次做了大幅的文献转变。

George Pattinson，*Kierkegaard's Upbuilding Discourses*（London: Routledge，2002）这本书可弥补我这本导读手册所忽略的文献视角。George Pattinson是克尔凯郭尔研究领域的最优秀的一位英文作者，也是一位杰出的思想家。

John Edward van Buren，*The Young Heidegger*（Bloomington: Indiana University Press，1994）很好地阐述了海德格尔和克尔凯郭尔的关系。

篇幅不允许我继续列举，但除了以上这些书和我在注释中所引用的书之外，如果在亚马逊网站上输入以下以克尔凯郭尔为“主题”的“作者”名字，就会出现数量众多的一流英文研究著作：Jon Elrod，C. Stephen Evans，Henning Fenger，M. Jamie Ferreira，Bruce Kirmmse，Louis Mackey，Gregor Malantshuk，John Lippitt，Edward Mooney，Jolita Pons，Michael Strawser，Josiah Thompson，Niels Thulstrup，Sylvia Walsh and Merold Westphal。他们采用了各种各样的方法，并且彼此之间的观点绝不一致，但他们的著作论证

充分，写作上乘，值得研读。

后现代读物

除了比较传统的研究之外，如今人们对克尔凯郭尔作为“后现代”思想的先驱人物这一提法也产生了广泛的兴趣。两本优秀的集子将引领你走向这个方向：*The New Kierkegaard*，ed. Elsebet Jegstrup（Bloomington: Indiana University Press，2004）和 *Kierkegaard in Post/Modernity*，eds Martin Matustik and Merold Westphal（Bloomington: Indiana University Press，1995）。20 世纪 80 年代，Mark C. Taylor 为佛罗里达州立大学出版社编辑了“克尔凯郭尔与后现代主义”系列丛书。Sylvian Agacinski，*Aparté*（1988）和 Louis Macke，*Points of View*（1986）是该系列中最重要的两本。Mark C. Taylor 是当今著名的后现代理论家，他的克尔凯郭尔之旅始于这本书——*Journeys to Selfhood: Hegel and Kierkegaard*（New York: Fordham University Press，2000）（再版）。

Jacques Derrida，*The Gift of Death*，trans. David Wills（Chicago：University of Chicago Press，1995）

这部书是一种惹人注目的解构方法，由后期的德里达采用。它纠正了 Emmanuel Levinas，*Proper Names*，trans. Michael Smith（Stanford：Stanford University Press，1996）这本书施予克尔凯郭尔的偏转。

Mark Dooley，*The Politics of Exodus*（New York: Fordham University Press，2001）这本书对克尔凯郭尔的政治含义进行了德里达式的解读。

Roger Poole，*Indirect Communication*（Charlottesville: University of Virginia Press，1993）这本书是一个很好的例子，说明早期德里达的爱好者会怎样评价克尔凯郭尔；也可参见 Roger Poole，"The Unknown Kierkegaard: Twentieth Century Interpretations"，in *The Cambridge Companion to Kierkegaard*，eds. Alastair Hannay and Gordon D. Marino（Cambridge: Cambridge University Press，1997）。

索 引

（译名后的数字为原书页码，即本书边码）

图书在版编目（CIP）数据

如何阅读克尔凯郭尔 / (美) 约翰·D. 卡普托著 ; 周荣胜译 . — 北京 : 北京联合出版公司 , 2021.10

ISBN 978-7-5596-5487-8

Ⅰ . ①如… Ⅱ . ①约… ②周… Ⅲ . ①克尔凯郭尔 (Kierkegaard, Soeren 1813-1855) －哲学思想－通俗读物 Ⅳ . ① B534-49

中国版本图书馆 CIP 数据核字 (2021) 第 179167 号

如何阅读克尔凯郭尔

作　　者：［美］约翰·D. 卡普托
译　　者：周荣胜
出 品 人：赵红仕
策划机构：明　室
策划编辑：赵　磊
责任编辑：李艳芬
特约编辑：赵　磊　林小慧
装帧设计：山川制本 @Cincel

北京联合出版公司出版
（北京市西城区德外大街 83 号楼 9 层　100088）
北京联合天畅文化传播公司发行
北京市十月印刷有限公司印刷　新华书店经销
字数 95 千字　787 毫米 ×1092 毫米　1/32　6.5 印张
2021 年 10 月第 1 版　2021 年 10 月第 1 次印刷
ISBN 978-7-5596-5487-8
定价：42.00 元

版权所有，侵权必究
未经许可，不得以任何方式复制或抄袭本书部分或全部内容
本书若有质量问题，请与本公司图书销售中心联系调换。
电话：（010）64258472-800

How to Read Kierkegaard
Copyright © 2007 by John D. Caputo
Originally published in English by Granta Publications
Simplified Chinese edition copyright
© 2021 by Shanghai Lucidabooks Co., Ltd.
All rights reserved